智慧城市智能交通建设新视野丛书

城市轨道交通全自动运行系统研究

—— 以西安地铁三期为例

广州地铁设计研究院股份有限公司　公吉鹏　王建文　◎著
西安市轨道交通集团有限公司　　　李　奎

西南交通大学出版社
·成　都·

图书在版编目（CIP）数据

城市轨道交通全自动运行系统研究：以西安地铁三期为例 / 公吉鹏，王建文，李奎著. —成都：西南交通大学出版社，2022.11
ISBN 978-7-5643-8991-8

Ⅰ. ①城… Ⅱ. ①公… ②王… ③李… Ⅲ. ①城市铁路－轨道交通－自动驾驶系统－研究 Ⅳ. ①U239.5

中国版本图书馆 CIP 数据核字（2022）第 205558 号

Chengshi Guidao Jiaotong Quanzidong Yunxing Xitong Yanjiu
——Yi Xi'an Ditie Sanqi wei Li

城市轨道交通全自动运行系统研究
——以西安地铁三期为例

公吉鹏　王建文　李　奎　著

责 任 编 辑	刘　昕
封 面 设 计	吴　兵
出 版 发 行	西南交通大学出版社 （四川省成都市金牛区二环路北一段 111 号 　西南交通大学创新大厦 21 楼）
发行部电话	028-87600564　028-87600533
邮 政 编 码	610031
网　　　址	http://www.xnjdcbs.com
印　　　刷	四川煤田地质制图印刷厂
成 品 尺 寸	185 mm × 240 mm
印　　　张	12.5
字　　　数	220 千
版　　　次	2022 年 11 月第 1 版
印　　　次	2022 年 11 月第 1 次
书　　　号	ISBN 978-7-5643-8991-8
定　　　价	72.00 元

图书如有印装质量问题　本社负责退换
版权所有　盗版必究　举报电话：028-87600562

前言
FOREWORD

截至 2021 年年底，西安地铁已经开通 8 条线路，包括 1 号线（一期、二期）、2 号线一期、3 号线一期、4 号线、5 号线（一期、二期）、6 号线一期、9 号线（临潼线）、14 号线（机场线）。西安地铁单日最高客流已多次突破 400 万人次大关，客流强度长期处于国内前茅。远景年更将达到 20 余条线、总里程 1 000 余千米的地铁线网。为了满足西安地铁线网网络化运营需求，适应西安城市轨道交通发展的需要，助力西安经济加速追赶超越的步伐，西安地铁公司启动了"西安轨道交通系统化关键技术研究"工作，委托我院（广州地铁设计研究院股份有限公司）开展了"全自动运行系统专题研究"，目的是进一步提升西安地铁系统自动化水平，提升城市轨道交通系统的安全与运行效率。

这次全自动运行专题研究项目结合西安市地铁第三轮建设规划（2018—2024 年），以三期新线 8、10、15 号线为研究基础，通过实地考察、调研、技术交流、探讨座谈、专家咨询等方式，对全自动运行模式下的运营管理模式、运营场景需求、系统设计、土建设计、建设模式进行全过程研究。本研究专题根据西安地铁特点，提出适应西安地铁的运营管理、系统设计、建设模式等方面的解决方案，对西安未来拟采用全自动运行的线路提供指导及建议，使得西安新一轮线路能够保持足够的先进性，提升轨道交通服务品质，提升企业综合竞争实力，发挥企业行业引领作用，带动经济效益和区域发展，提高城市区域形象。

本书共有 11 章。第 1 章和第 2 章分别为研究综述和全自动运行系统概述，第 3 章对国内外全自动运行系统应用现状开展调研，第 4 章整理和总结了全自动运行系统的必要性和可行性，这些由公吉鹏著写。

第 5 章全面分析和研究了全自动运行下不同于常规线路的运营管理模式、组织架构以及岗位职能。第 6 章分析和梳理出全自动运行下的 3 大类共 33 项运营场景。这两章深度分析运营需求，奠定了本次研究的基础前提，它们由西安地铁运营公司李奎牵头著写。

根据需求分析，第 7 章~第 9 章分别就满足全自动运营需求的系统方案、土建方案和建设模式进行分析研究，提出了全自动线路在设计、建设、联调、评估阶段的可实施方案。它们由王建文著写。

第 10 章分析全自动运行线路的投资、工筹及效益分析，由公吉鹏著写。最后第 11 章为本书的结论和建议。

本次研究专题在编写过程中得到了中铁第五勘察设计院集团有限公司、中铁第一勘察设计院集团有限公司、北京城建设计发展集团股份有限公司等兄弟单位的大力支持和帮助，在此一并表示感谢！

王建文

2022 年 05 月

目 录
CONTEST

第1章　研究综述 ·· 1
　1.1　研究背景 ·· 1
　1.2　研究目的 ·· 3
　1.3　研究范围及内容 ·· 3
　1.4　研究基本原则 ··· 4
　1.5　主要研究方法及路线 ··· 5

第2章　全自动运行系统概述 ·· 6
　2.1　轨道交通自动化等级简介 ·· 6
　2.2　全自动运行等级的功能对比 ·· 8
　2.3　轨道交通全自动运行的定义 ·· 9

第3章　全自动运行系统应用情况介绍 ·· 11
　3.1　全自动运行系统的发展阶段及趋势 ·· 11
　3.2　国外及中国港台地区全自动线路建设情况 ······························· 12
　3.3　中国内地全自动运行线路建设情况 ·· 15

第4章　全自动运行系统的必要性和可行性 ······································ 24
　4.1　全自动运行系统的必要性 ·· 24
　4.2　全自动运行在新线建设的可行性分析 ······································ 31

第5章　全自动运行的运营管理模式 ··················· 41
5.1　全自动运行的主要运营模式 ··················· 41
5.2　全自动运行与常规线路运营管理方面的区别 ··················· 44
5.3　全自动运行系统的运营组织架构研究 ··················· 48
5.4　运营岗位设置建议 ··················· 58

第6章　全自动运行系统的运营场景 ··················· 61
6.1　正常模式场景 ··················· 62
6.2　故障场景 ··················· 72
6.3　应急模式场景 ··················· 86

第7章　全自动运行下各系统方案研究 ··················· 96
7.1　全自动运行系统总体性研究 ··················· 96
7.2　多专业协同关键方案研究 ··················· 103
7.3　车辆专业研究 ··················· 116
7.4　信号系统研究 ··················· 123
7.5　综合监控系统研究 ··················· 130
7.6　通信系统研究 ··················· 140
7.7　站台门系统研究 ··················· 149
7.8　控制中心工艺研究 ··················· 153
7.9　培训系统研究 ··················· 155

第8章　全自动运行下土建专业方案研究 ··················· 157
8.1　全自动车辆基地方案研究 ··················· 157
8.2　车站建筑 ··················· 166
8.3　区间应急疏散平台 ··················· 168
8.4　配线设置与特点 ··················· 168
8.5　主/备中心规模 ··················· 170

第9章 全自动运行建设模式研究 ······ 171

9.1 系统集成方案研究及建议 ······ 171
9.2 系统设备招标模式研究及建议 ······ 171
9.3 全自动运行系统联调要求 ······ 176
9.4 全自动运行的安全评估 ······ 178

第10章 投资、工筹及效益分析 ······ 181

10.1 各系统投资变化 ······ 181
10.2 土建投资变化 ······ 183
10.3 工程投资变化 ······ 184
10.4 工筹影响分析 ······ 184
10.5 社会及经济效益分析 ······ 185

第11章 结论与建议 ······ 187

11.1 结　论 ······ 187
11.2 建　议 ······ 189

参考文献 ······ 191

第 1 章 PART ONE

研究综述

1.1 研究背景

1.1.1 西安城市及轨道交通发展与规划

西安市定位为亚欧合作交流型国际化大都市，随着《关中平原城市群发展规划》和《西安都市圈发展规划》的批复，其作为"一带一路"倡议上的核心城市，正发挥着经济核心和引领作用。城市轨道交通有利于带动城市经济，又是城市的名片和观光车，一直以来，"建地铁就是建城市"的说法得到广泛认可。截至 2021 年年底，西安地铁基本完成前两轮建设规划，已经开通 8 条线路，分别是 1 号线（一期、二期）2 号线一期、3 号线一期、4 号线、5 号线（一期、二期）、6 号线一期、9 号线（临潼线）、14 号线（机场线），单日最高客流已突破 400 万人次大关，客流强度长期处于国内前茅。至 2024 年年底，西安市将再开通第三轮建设规划中的 4 条线路，远景年线网规划将达到 20 余条线，总里程 1 000 余千米。全自动运行系统的研究与实施，是西安轨道交通系统化、智慧化建设中重要的一部分。为了满足西安地铁线网网络化运营需求，适应西安城市轨道交通发展的需要，助力西安经济加速追赶超越的步伐，本书基于第三轮建设规划新建线路，开展轨道交通全自动运行系统研究，希望研究工作能进一步提升系统自动化水平，提升城市轨道交通系统的安全与运行效率。

1.1.2 国家科技创新相关规划

《"十三五"国家科技创新规划》强调，坚持创新是引领发展的第一动力，以深入实施创新驱动发展战略、支撑供给侧结构性改革为主线，全面深化科技体制改革，大力推进以科技创新为核心的全面创新，塑造更多依靠创新驱动、更多发挥先发优势的引领型发展，确保如期进入创新型国家行列，为建成世界科技强国奠定坚实基础。

《"十三五"交通领域科技创新专项规划》强调轨道交通领域发展重点为（1）轨道交通系统综合安全评估与协同安全保障技术。（2）轨道交通系统全息感知与泛在融合智能化技术。（3）轨道交通运营与管理信息大数据深度应用。（4）"互联网+"轨道交通精准服务模式。（5）智能运维与应急处置。

《"十四五"交通领域科技创新规划》再次提出要大力发展智慧交通，推动云计算、大数据、物联网、移动互联网、区块链、人工智能等新一代信息技术与交通运输融合，加快北斗导航技术应用，开展智能交通先导应用试点；将新一代信息技术与交通运输深度融合；针对轨道交通行业，研发新一代移动闭塞/车车通信及专用移动通信系统、智慧行车、智慧车站调度等技术。

1.1.3 我国人口结构与经济发展趋势

目前我国正处于人口结构变化、经济发展加速的特殊时期，出生率低迷将导致人口年龄结构改变，人口红利消退，老龄化加速，并影响经济的长期发展。

一方面，中国劳动力人口总数在逐年减少。据国家统计局数据显示，2021 年我国 16～59 岁的劳动年龄人口为 88 222 万人，占全国人口的比重为 62.5%；60 岁及以上人口为 26 736 万人，占全国人口的 18.9%，其中 65 岁及以上人口为 20 056 万人，占全国人口的 14.2%。这是中国 65 岁及以上人口占比首次超过 14%。此前有人口学者预测，65 岁及以上人口占比突破 14%，将成为人口形势变化的标志性事件。相比 2018 年，16～59 岁劳动年龄人口减少约 1 500 万人，比重下降 1.8%。整体看来，我国劳动力人数持续减少，且近几年下降速度加快。

另一方面，用人成本逐年提高。根据国家统计局针对制造企业的调查发现，企业劳动力成本逐年上涨，招工难、用工荒等问题日益凸显，阻碍了制造企业的发展。以城市轨道交通行业为例，电客车司机的员工数每条线路为 100～200 人，且电客车司机的薪金等级为生产类人员中较高的层级，这一部分的运营成本，已成为轨道交通企业发展中较为重要的一部分。如何解决国家人口结构、劳力成本与经济发展之间的矛盾，是各大企业亟待研究的关键课题。

1.1.4 新技术的发展趋势

2008 年以前，全自动运行技术推广比较慢，且多用于小运量或机场线等特殊需求的线路。2008年后，随着CBTC（基于通信的列车自动控制系统）技术的迅猛发展，各地对地铁能力和运营需求的急剧增加，全自动运行技术开始在中、高运量地铁广泛地运用。目前，轨道交通建设在全国开展得如火如荼，就西安市而言，新一轮的地铁建设时期也已经到来。在新技术快速发展的今天，新技术已成为业务发展的重要基石。轨道交通行业实施业务驱动和创新驱动策略，推进新技术与轨道交通业务深度融合，为乘客便捷出行，运营效率提高，服务质量优质，安全稳定可控，企业运营高效，实现轨道交通现代化、智能化提供强有力的信息技术支撑。城市轨道交通运行控制经历"人工时代""机械时代""继电时代"，进入了现在的"信息化时代"，并最终会进入"AI（人工智能）时代"，全自动运行作为提高城市轨道交通自动化水平的一个阶段，对人工智能时代有着承上启下的作用。

1.2 研究目的

（1）利用现有国内外已开通全自动运行线路的既有成果为基础，根据西安地铁特点，提出适应西安地铁的运营管理、系统设计、建设模式等方面的解决方案建议。

（2）根据涉及全自动运行的各个专业研究，进行分类、归纳、整理并对不同的情况分别制订适当的原则，对西安未来拟采用全自动运行的线路提供指导及建议。

（3）进一步整合企业优势资源，使得新一轮线路在未来保持足够的先进性，提升轨道交通服务品质，提升企业综合竞争实力，发挥企业行业引领作用，带动经济效益和区域发展，提高城市区域形象。

1.3 研究范围及内容

1.3.1 研究范围

本次城轨全自动运行研究的研究范围为结合西安地铁第三轮建设规划，以西安8、10、15号线为对象基础，对全自动运行模式下运营管理模式、运营场景需求、系统设计、土建设计、建设模式的全过程研究。

1.3.2 研究内容

（1）全自动运行系统的必要性、可行性研究。

（2）全自动运行系统定义及自动化等级选择的研究。

（3）全自动运行系统的运营管理模式、运行场景、运营组织架构研究。

（4）全自动运行下运营需求下的全自动系统架构研究。

（5）全自动运行下各系统专业优化设计方案及原则研究。

（6）全自动运行下土建专业优化设计方案及原则研究。

（7）全自动运行系统对投资和工筹、经济性的影响分析。

（8）全自动运行系统建设模式研究。

1.4 研究基本原则

（1）结合研究背景，确定科学、合理的研究技术路线和研究方向，明确研究的目的、必要性、可行性。

（2）运营管理匹配原则：全自动系统研究基于利于运营管理更加精细化和高效化，能够提升运营工作效率，降低运营建设和管理成本，确保企业长期可持续发展的原则。

（3）以人为本原则：坚持"以人为本"核心科学发展观，完善和丰富乘客乘车体验，提供增值增质的精准化服务，提升乘客满意度。

（4）指导性原则：结合西安第三轮建设规划线路的特征，讨论并推荐全自动运行系统的自动化等级、运营管理模式及组织架构、相关系统、土建专业的方案建议及原则性技术要求，作为后续线路设计、建设的指导及建议。

（5）经济性原则：估算全自动运行所带来的相关系统、土建较常规线路的投资变化，并对全寿命周期进行经济性评估。

（6）量力而行原则：全自动运行的方案须考虑西安地铁企业的承受能力。研究应遵循《关于进一步加强城市轨道交通规划建设管理的意见》中关于地铁行业发展的基本原则，即"量力而行，有序推进；因地制宜，经济适用；衔接协调，集约高效；严控风险，持续发展"。确保西安市轨道交通发展规模与实际需求相匹配、建设节奏与支撑能力相适应，实现规范有序、持续健康的发展。

1.5 主要研究方法及路线

1.5.1 采取的研究路线

（1）利用调研、走访和比较国内外城市轨道交通的特征、存在的问题以及针对全自动、智能化、智慧化方面取得的研究成果，总结出可借鉴的经验，同时优化和完善的不足。

（2）分析乘客、地铁内部建设公司、运营公司各层级、各部门的需求，与具备先进技术的厂家开展技术交流。

（3）结合西安市地铁建设现状，合理分析，找出全自动、智能化、智慧化研究成果（如业务功能、系统、设备）的落地途径和具体实施方案。

（4）整个研究将分别从建设、运营、乘客的视角出发，全过程、全方位地介绍"全自动运行"体系各个方面的应用。

1.5.2 研究的主要活动

（1）针对全自动运行技术和项目广泛收集、整理资料，开展研究。

（2）邀请业内主流的信号、综合监控、车辆等系统的集成商，开展技术交流，对涉及全自动运行的关键技术问题、建设管理问题、运营筹备、运营管理等方面的问题进行深入探讨。

（3）多次赴北京、上海就全自动运行系统建设、运营管理经验以及相关技术问题进行现场学习交流，汲取成功的建设、运营经验，并关注建设过程中需要注意的问题。

（4）就研究报告组织多次开会讨论，征求运营部门、建设部门及相关设计单位的意见，此外，组织多次专家研讨会，及时解决研究过程中的问题和偏差。

第2章 PART TWO

全自动运行系统概述

2.1 轨道交通自动化等级简介

根据国际公共交通协会(UITP)和国际标准 IEC 62290-1 *Railway applications—Urban guided transport management and command/control systems-Part 1: System principles and fundamental concepts* 的定义,轨道交通自动化等级共分为 5 个等级,分别是 GOA0、GOA1、GOA2、GOA3、GOA4。不同的自动化等级的定义源于轨道交通列车运行中完成规定功能,对运营人员和系统的责任分配。

轨道交通单条线路或线网对不同自动化等级在列车运行过程中必须实现的功能如表 2-1 所示。不同自动化等级下的列车运行过程中非必需的功能,也可由系统来实现。

轨道交通自动化等级决定运营需求、运营设施、车辆、运营人员等。运营需求必须考虑到乘客的行为习惯。

表 2-1 轨道交通不同自动化等级功能实现表

列车运行的基本功能		非自动列车运行 (NTO) GOA1	半自动列车运行 (STO) GOA2	有人值守下列车自动运行 (DTO) GOA3	无人值守下的列车自动运行 (UTO) GOA4
确保列车运行安全	安全进路	系统	系统	系统	系统
	列车安全间隔	系统	系统	系统	系统
	速度监督	人工	系统	系统	系统
列车驾驶	加速制动	人工	系统	系统	系统
监视轨道	障碍物监视	人工	人工	系统	系统
	防止碰撞人员	人工	人工	系统	系统
监视乘客上下车	车门控制	人工	人工	系统	系统
	乘客跌落站台	人工	人工	人工或系统	系统

续表

列车运行的基本功能		非自动列车运行（NTO）	半自动列车运行（STO）	有人值守下列车自动运行（DTO）	无人值守下的列车自动运行（UTO）
		GOA1	GOA2	GOA3	GOA4
监控列车	投入/退出运营	半人工或系统	人工	半人工或系统	系统
	监督列车运行	人工	人工	系统	系统
紧急状况的检测与处理	列车诊断	人工	人工	系统	设备检测+人工处置
	烟火检测	人工	人工	人工或系统	
	脱轨检测	人工	人工	人工或系统	
	紧急情况处理	人工	人工	人工或系统	

1. GOA0：目视下列车运行

在 GOA0 的自动化等级下，列车运行由司机全部负责，系统无法实现自动监控和防护。线路上的道岔和轨道区段由系统控制。

2. GOA1：非自动列车运行（NTO）

在 GOA1 的自动化等级下，司机在 ATP（列车自动保护系统）保护下驾驶列车，观察线路轨道情况并在紧急情况下停车。司机遵循轨旁信号或车载信号来控制列车的牵引和制动。信号系统监督司机的操作，这种非连续或连续的监督只能在特定位置实现，特别是信号显示和速度控制。列车关闭车门，安全从站台出发，均由司机操作。

3. GOA2：半自动列车运行（STO）

在 GOA2 的自动化等级下，司机在列车驾驶室里，观察线路轨道情况并在紧急情况下停车。系统将自动监控列车的牵引和制动，提供连续的速度距离曲线。列车安全从站台出发，由司机操作，列车车门可自动关闭。目前，我国城市轨道交通运营最常用的运营模式，即 ATO（列车自动运行）驾驶模式。

4. GOA3：有人值守下列车自动运行（DTO）

在 GOA3 的自动化等级下，由于没有司机在列车驾驶室观察线路轨道情况和在紧急情况下停车，因此相较于 GOA2 级，系统必须增加辅助的检测装置。

在 GOA3 的自动化等级下，需要一名运营人员在列车上。列车关闭车门，安全从站台出发，可自动控制，也可人工控制。该等级也是全自动运行的一种模式。

5. GOA4：无人值守下的列车自动运行（UTO）

在 GOA4 的自动化等级下，由于没有运营人员在列车上，因此相较于 GOA3 级，系统必须增加辅助的检测装置。

列车关闭车门，安全从站台出发，均为自动控制。更具体地说，系统支持危险情况和紧急情况的检测和处理，例如乘客疏散等。其他的危险情况和紧急情况，例如列车脱轨或检测到烟雾或者火灾，则需要运营人员介入处理。

2.2 全自动运行等级的功能对比

DTO、UTO 均属于全自动运行方式，两种运行方式的主要区别如表 2-2 所示：

表2-2　UTO 与 DTO 等级下主要功能对比表

编号	功能	DTO	UTO
1	唤醒列车	M	M
2	休眠列车	M	M
3	列车进入/退出运营	M	M
4	管理策略确定	M	M
5	计算时刻表或发车间隔偏离	M	M
6	建议或指挥时刻表校正管理行为	M	M
7	紧急制动性能测试（OCCHMI 上显示）	O	M
8	静止状态下确定初始列车位置	O	M
9	GOA3&4 中列车驾驶模式的管理	M	M
10	阻止列车进站	M	M
11	跳停	M	M
12	扣车	M	M
13	车辆段和停车场车辆移动管理（入、出运营）	O	M
14	站内门开启的监督	O	M
15	门开启的控制（远程控制车门开启）	O	M

续表

编号	功能	DTO	UTO
16	门关闭的监督（门故障车载设备阻止列车离站）	O	M
17	门关闭的控制（远程控制屏蔽门关闭）	O	M
18	疏散监督（OCC 直接指挥人员疏散）	O	M
19	轨道上工作人员的防护	M	M
20	监督站台上的乘客（站台加语音、视频接口）	O	M
21	监督车上的乘客（提供车载视频监视）	O	M
22	非 MODURBAN 车载设备故障的响应	M	M
23	提供维护支持（为维护行为提供建议）	O	M

注：O—可选项；M—必选项。

2.3 轨道交通全自动运行的定义

前阶段在国内各地专题报告、会议论文中，FAO 系统最早翻译成"无人驾驶"，或者"全自动运行系统"，通过国内率先实施线路的工程实施经验，体会到"全自动运行"系统更能准确地描述 FAO 系统对于运营模式变革的内涵。

由中国城市轨道交通协会在 2019 年颁布和实施的团体标准，《城市轨道交通全自动运行系统规范》（T/CAMET 04017）在 IEC 62290-1 的基础上，对全自动运行系统进行了再次定义：全自动运行系统是基于现代计算机、通信、控制和系统集成等技术，由信号、车辆、综合监控、通信、站台门等与列车运行相关的设备组成，实现列车运行全过程自动化的系统。

根据轨道交通自动化等级的划分原则，运行在有人值守的全自动运行（DTO）或无人值守的全自动运行（UTO）下的城市轨道交通系统均可称为全自动运行系统（Fully Automatic Operation System，FAO）。

运行在非自动化列车运行（NTO）或半自动化列车运行（STO）下的城市轨道交通系统称为非全自动运行系统（None Fully Automatic Operation System）。

有人值守的全自动运行（Driverless Train Operation）定义：列车在配置车上值守人员的条件（正常运行所有功能均由系统负责实现）下的运行。车上值守人员仅在故障和应急情况下介入列车运行。（注：此定义为城轨协会团体标准改写自 GB/T 32588.1—2016,

定义 3.1.4）

无人值守的全自动运行（Unattended Train Operation）定义：列车在不配置车上值守人员的条件（所有功能均由系统负责实现）下的运行。（注：此定义为城轨协会团体标准改写自 GB/T 32588.1—2016，定义 3.1.20）

第3章 PART THREE
全自动运行系统应用情况介绍

3.1 全自动运行系统的发展阶段及趋势

3.1.1 探索阶段（1962—1990年）

1962年世界上第一条全自动运行城市轨道交通线路在纽约市时代广场和中央火车站之间投入运营；1965年美国西屋电气公司提出建设"全自动运行、高频率、经济的公共交通系统"，在匹兹堡附近的南区公园（South Park）建成了全自动化运输系统SkyBus；1975年美国西弗吉尼亚大学开通了全自动运行线路 MorgantownPRT，目前该线仍正常运营。这个阶段全自动运行系统的车地之间通信通常应用感应环线非连续通信方式，采用固定闭塞方式控车，运行的控制依靠冗余计算机实现，但系统集成度不高，主要应用于公园观光线、机场摆渡线等客流较小的专线当中。

3.1.2 推广应用阶段（1990—2010年）

全自动运行开始应用于大客流轨道交通中，典型代表是巴黎地铁14号线。14号线是巴黎地铁中第一条全自动化的线路，列车自动运行系统由西门子公司负责设计，运行控制由采用多处理器的摩托罗拉68020计算机完成，系统能够根据运营、调度的需要调整列车的运行速度和行车密度。新加坡东北线为全世界第一条实现正线、车辆段全自动运行的重载地铁线路，采用钢轮钢轨制式，信号为阿尔斯通公司的Urbalis系统（CBTC），最高运行速度为90 km/h，高峰时间最小行车间隔2 min，车辆为6辆编组，2003年6月开通运营。这个阶段车地通信开始采用连续的无线通信方式，控车方式由固定闭塞向移动闭塞发展，出入场段由人工驾驶向自动运行发展。移动闭塞由于轨旁设备较少，更进一步保证了系统的可靠性，系统的集成度也更高，已经逐渐成为城市轨道交通自动化系统的标准配置。

3.1.3 成熟应用（2010 年至今）

欧盟为建立统一、创新的欧洲轨道交通市场，提升轨道交通的竞争力，在 2004—2012 年组织相关行业协会、设备制造商和运营商启动了一系列包括政策、技术在内的研究项目，其中技术研究项目 MODURBAN 的目标是设计研发具有开放系统结构和接口的下一代城市轨道交通系统，包含车载、轨旁、通信、乘客服务、节能和系统 6 个方面。研究项目于 2009 年完成整个城市轨道交通系统的各种应用测试（以 2008 年 12 月的马德里地铁测试为标志），形成适合于所有运营商、覆盖从手动驾驶到完全全自动运行的一系列规范（功能性要求规范、技术性规范）。研究成果为国际电工委员会（IEC）和欧洲电工标准化委员会（CENELEC）所采纳，该项目的完成标志着城市轨道交通自动化进入成熟应用阶段。

在这个阶段，全自动运行从低密度低客流线路逐步发展应用于大客流高密度线路，能够实现全线的自动化运行（含停车场/车辆段），典型代表是法国巴黎地铁 1 号线，于 2013 年 4 月投入自动化运营，为穿越巴黎最繁忙市区的全自动运行重载地铁线路。该阶段移动闭塞成为主流技术，更加强调系统的安全可靠性。

近年来自动化地铁在全球轨道交通领域日渐升温，温哥华、巴黎、新加坡、圣保罗、洛桑、迪拜、纽伦堡、哥本哈根等城市都引入全自动运行地铁，目前运行情况良好。

3.2 国外及中国港台地区全自动线路建设情况

2008 年以前，全自动运行技术推广比较慢，且多用于小运量或机场线等特殊需求的线路。2008 年后，随着 CBTC 技术的迅猛发展，以及各地对地铁能力和运营需求的急剧增加，结合 2003 年第一条大运量全自动运行线路新加坡东北线成功建成运营，全自动运行技术开始在中、高运量地铁广泛运用。包括中国、新加坡、韩国在内的亚洲国家尤其重视该技术。

国际公共交通协会 UITP(International Association of Public Transport)调查数据显示，截至 2018 年年初，全球 39 个城市开通运营 62 条、996 km 的全自动运行线路。预计 2025 年 FAO 系统的总里程将达到 2 200 km，如图 3-1 所示。

第 3 章 全自动运行系统应用情况介绍

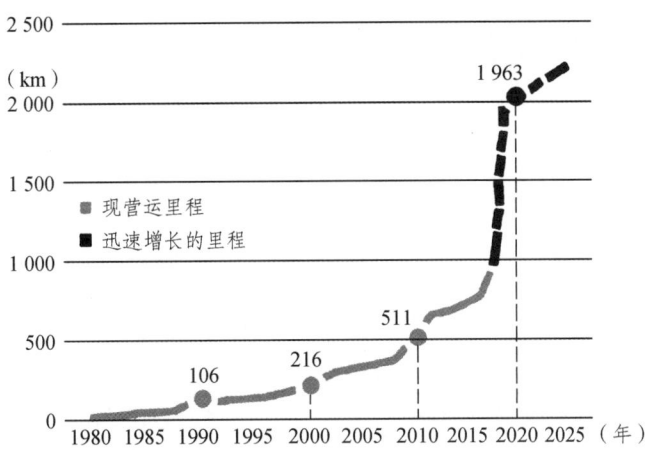

图 3-1 全自动运行线路增长率

国外及中国港台地区已开通的主要全自动运行线路如表 3-1 所示。

表 3-1 国外及中国港台地区已开通的全自动运行线路表

项目名称	开通时间	项目情况	运行等级	工程类型	车站数量	备注
温哥华天车世博线	1986	初期 26 km，现在 68.7 km	UTO	新建线	47	安全运行 20 年从无事故，每天运送 20 万人次
巴黎地铁 14 号线	1998	11 km	UTO	新建线	8	设计行车间隔 85 s；运营行车间隔 105 s
新加坡东北线	2003	20 km，40 辆车	UTO	新建线	16	车地传输媒介为裂缝波导管和正交频分复用 OFDM
拉斯维加斯单轨线	2004	6.4 km，36 辆车	UTO	新建线	7	私人投资，每年运输 2 000 万人次，最高速度 80 km/h；车地传输媒介为无线电台
中国香港迪士尼线	2005	3 km，3 辆车	UTO	新建线	2	采用轮轨系统，最高速度为 70 km/h，最小行车间隔 5.5 min，车地传输媒介为无线电台
洛桑地铁 2 号线	2008	6 km，17 辆车	UTO	新建线	14	采用胶轮系统，双向共轨，2 节车厢编组，最高速度为 60 km/h，最小行车间隔 3 min，车地传输媒介为漏缆

续表

项目名称	开通时间	项目情况	运行等级	工程类型	车站数量	备注
巴塞罗那地铁9号线	2009	46 km,50辆车	UTO	新建线	39	欧洲最长的自动化线路,采用双向共轨运行方式,与十号线共部分线路,最小行车间隔3 min;车地传输媒介为无线扩频电台
华盛顿杜勒国际机场线	2009	8 km,29辆车	UTO	新建线		轮轨系统
中国台北内湖线	2009	26 km,76辆车	UTO	新建加改造线	13	采用胶轮、钢轨系统,四节车厢编组;最高行车速度80 km/h,车地传输媒介为漏缆
韩国龙仁轻电铁	2011	19 km,30辆车	UTO	新建线	15	最高速度80 km/h,传输媒介为漏缆
迪拜红、绿地铁	2011	70 km,85辆车	UTO	新建线	43	最高速度90 km/h,最小行车间隔3 min
釜山金海轻轨地铁线	2011	23.5 km,25辆车	UTO	新建线	21	06年因噪声问题延期到11年开通
新加坡地铁环线	2009	35 km,46辆车	UTO	新建线	31	最高速度90 km/h,3节车编组
圣地亚哥地铁1号线	2012	20 km,42辆车	DTO	新建加改造线	27	采用胶轮系统
利雅得KAFD单轨铁路	2012	4 km,12辆车	UTO	新建线	6	最高行车速度80 km/h,为双轨线路
巴黎地铁1号线	2011	16 km,53辆车	UTO	改造线	25	运营间隔85 s(当前725 000人/日)
布达佩斯M4线	2014	7.3 km	UTO	新建线	10	运营间隔90 s
中国香港南港岛线	2016	7 km,10列车	DTO	新建线	5	3节编组的A型车,最高时速为80 km/h
圣保罗4号线2期	2018	12.8 km	UTO	新建线	11	环线,最高速度80 km/h,最小行车间隔70 s
哥本哈根S-Bane 6期	2018	170 km,135辆车	DTO	改造线		运营间隔90 s
罗马C线	2014	18 km	UTO	新建线	12	平均旅行速度35 km/h
新加坡Downtown	2015	16.6 km	UTO	新建线	21	3辆编组
仁川2号线	2016	29.2 km	UTO	新建线	27	

除了新线建设采用全自动运行模式外,欧美还有很多城市考虑或正将既有传统地铁改造建成全自动运行模式,如欧洲有 6 个城市计划将线路改造升级成全自动运行,包括格拉斯哥的 G 线、伦敦的多克兰线、里昂的 LA 和 LB 线、马赛的 L1 和 L2 线、巴黎的 4 号线、维也纳的 U5 线。

3.3 中国内地全自动运行线路建设情况

据不完全统计,截至 2021 年年末,中国内地已运营、在建及规划城轨全自动运行系统的城市有北京、上海、深圳、广州、武汉、成都等 28 座城市,线路共计 85 条,线网规模 2 515.77 km,其中已运营线路 30 条,运营里程为 728.46 km;在建线路 46 条,在建里程为 1 541.01 km;规划线路 9 条,规划里程为 246.30 km。

3.3.1 中国内地线路全自动应用情况

中国内地轨道交通规划和在建线路中,北京地铁、深圳地铁、广州地铁、苏州地铁、武汉地铁、南京地铁、成都地铁、西安地铁均在工可或初设阶段明确按照全自动运行的标准进行建设,并在 2020—2021 年集中开通运营多条线路。全自动运行系统的关键技术,如列车控制、系统联动、应急指挥、故障处理、乘客监督、信息显示、诊断辅助等方面的建设和运营经验也逐步丰富。中国内地采用全自动运行系统开通的线路不完全统计如表 3-2 所示。

表 3-2 2021 年中国内地开通全自动运行线路统计

序号	城市	线路名称	线路长/km	车站数/座	GoA 等级
1	北京	地铁首都机场线	28.1	4	GoA4
2		燕房线主线	14.4	9	GoA4
3		大兴国际机场线	41.36	5	GoA4
4		地铁 7 号线	40.3	30	GoA3
5		机场旅客捷运系统	4	3	GoA4
6		地铁 11 号线	4	4	GoA4
7		地铁 19 号线(一期)	20.9	10	GoA4

续表

序号	城市	线路名称	线路长/km	车站数/座	GoA 等级
8	上海	5号线南延伸段	16.1	8	GoA4
9		浦江线	6.64	6	GoA4
10		10号线（一期）	35.2	31	GoA4
11		10号线（二期）	9.8	37	GoA4
12		17号线	35.3	13	GoA3
13		浦东机场捷运系统	7.23	5	GoA3
14		15号线	42.3	30	GoA4
15		18号线一期	36.85	26	GoA4
16		14号线	38.51	31	GoA4
17	深圳	20号线	8.43	5	GoA4
18	广州	广州APM线	3.9	9	GoA4
19	武汉	5号线	35.2	26	GoA4
20	成都	9号线（一期）	23.7	13	GoA4
21	太原	2号线一期	23.65	23	GoA4
22	苏州	5号线	44.1	34	GoA4
23	济南	2号线	36.4	19	GoA4
24	南宁	5号线一期	20.21	17	GoA4
25	天津	6号线二期	14.4	9	GoA4
26	长沙	6号线	48	34	试运行
27	宁波	5号线一期	27.92	22	GoA4
28	芜湖	1号线	30.38	25	GoA4
29		2号线一期	15.78	12	GoA4
30	重庆	重庆云巴示范线	15.4	15	GoA4
合计：15座城市、30条线路			728.46	515	

目前，中国内地在建的全自动运行线路，均按照 GoA4 标准建设，运营方式大多计划由有人值守的模式（DTO）逐步过渡到无人值守的模式（UTO）。

3.3.2 广州珠江新城旅客自动输送系统

1. 设计及建设方面

广州市珠江新城旅客自动输送系统（简称 APM）线路从海珠区广州塔到天河区林和西，总长约 3.94 km，如图 3-2 所示，为全地下线路，共设 9 座地下车站，最大站间距 693.5 m，最小站间距 473.4 m，全线设 1 座停车场，1 座控制中心，采用全地下停车场和全地下控制中心。广州塔站、林和西站分别于地铁三号线换乘，按非付费区换乘设置；歌剧院站、花城大道站、妇儿中心站、黄埔大道站与珠江新城地下空间核心区合建；海心沙站与海心沙地下空间合建；控制中心与广州塔站合建。本工程于 2010 年 11 月 8 日开通试运营。

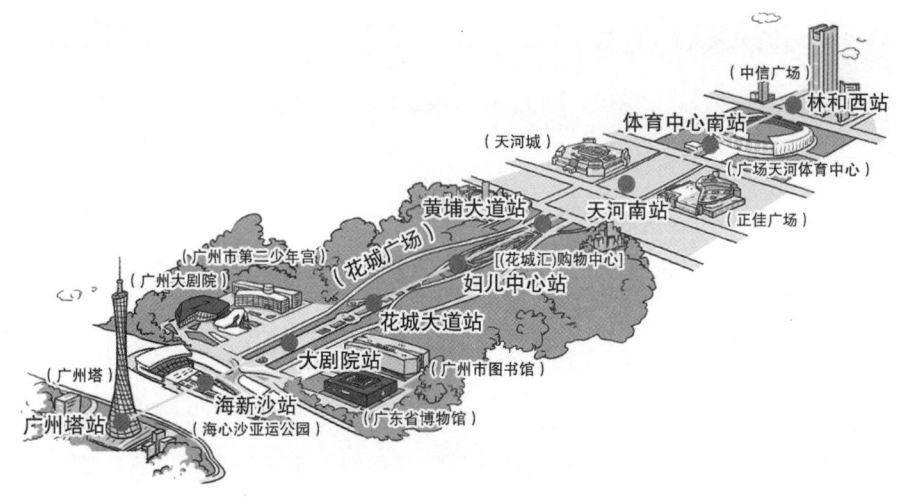

图 3-2 广州 APM 线路走向示意图

旅客自动输送系统是一种全自动运行、采用胶轮-自动导向的交通系统，适用于中低客运量的城市公共交通和短距离穿梭交通，可以实现列车的灵活编组，运载量单位一般为 2 000～20 000 人/h，具有加减速性能较好、爬坡能力强、转换半径小、运营噪声小等特点。APM 系统不同车型的轮轨形式、导向方式、供电方式等各不相同，本工程采用了庞巴迪公司的 CX-100 车型，如图 3-3 所示。

珠江新城旅客自动输送系统是广州第一条全自动运行的公共交通系统，也是国内首条真正实现无人驾驶自动运行的轨道交通线路，同时又是国内第一次将自动导向胶轮系统应用于市政公共交通。珠江新城 APM 系统在设计上大量采用了新系统、新技术、新材料,并在管理模式上第一次提出了车站无人值守的新理念。本工程由广州地铁设计研究院有限公司采用勘察设计总承包的方式进行系统设计,第一次打破了庞巴迪在APM系统上的"交钥匙"的总承包方式。

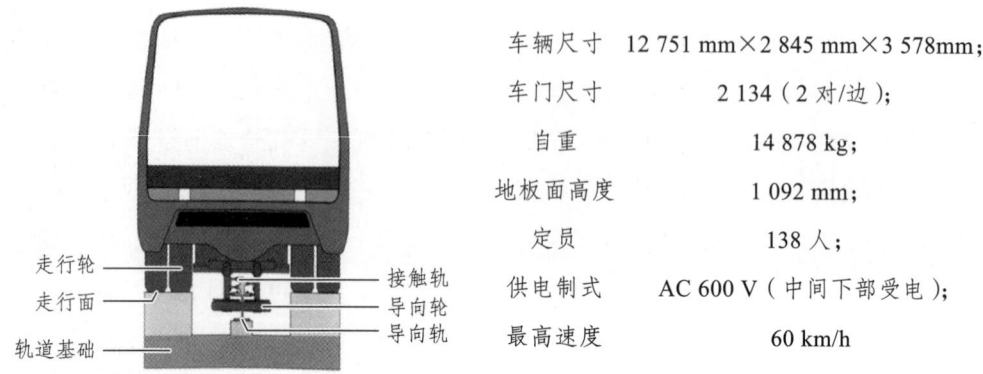

图 3-3　广州 APM 线路车辆基本信息

2. 运营及乘客服务方面

珠江新城旅客自动输送系统采用2元的单一票制,2010年开通时运营时间为每天8:00—20:00,根据客流的逐步增加,经过多次调整,目前的运营时间为每天7:00—23:30。

APM线采用单一运营交路,广州塔至林和西,广州塔站采用站后折返,林和西站采用站前折返,折返时间为100 s,列车运营周期为25 min。

APM线客流逐年增长,对比线路开通初期,2011年客流量为417.6万人,2015年客流量为1 279.5万人。在无特殊活动的情况下,一般线路客流均呈现"日常客流小,周末出游多"的客流规律。广州塔、海心沙、大剧院、花城大道、天河南和体育中心南站 6个站,与线路整体客流趋势保持一致,旅游需求大于通勤需求,特别是广州塔—大剧院南端的3个车站。

3. 运营及设备维护方面

轨道交通包括了车辆、轨道、信号、供电、通信、自动售检票、环控、低压照明、消防、站台门、扶梯、给排水等20多个专业系统,分专业运营管理模式逐步呈现出内耗过大的缺点。因此,APM线进行大胆变革,作为广州地铁运营史上第一次从架构上将一条完整线路的运营管理归属一个部门进行负责的线路,成立APM部,下设中心站(含监控员)、调度分部、综合检修分部、车辆信号分部、安全质量室,对分专业的运营模式进行整合，实现了人力资源的更好利用。作为运营变革的试验田，通过实践努力，APM 线在组织架构、生产运作等方面取得了较多成效，实现了运作模式改变、班组架构改变、生产流程改变、规章制度改变等多方面的创新。

3.3.3 上海地铁 10 号线

1. 设计及建设方面

上海轨道交通 10 号线（M1 线）是上海市轨道交通网络中的重要骨干线路，一期工程主线由虹桥火车站站至新江湾城站，如图 3-4 所示，长 31.254 km，支线由航中路站至龙溪路站，长 4.967 km，均为地下线，全线设地下车站 31 座，停车场 1 座，即吴中路停车场。供电系统采用集中 110/35 kV 两级供电方式，一期工程全线设两座主变电所，主变电所从城市电网引入 110 kV 电源，共设 14 座牵引变电所，其中正线 13 座，吴中路停车场 1 座。

图 3-4 上海 10 号线线路走向示意图

吴中路停车场位于闵行区吴中路以南，虹莘路以西，虹泉路以北的地块内。占地约

23.4 万 m²，建筑面积 16.5 万 m²，承担全线配属列车的定临修、运营车辆停放、列检、清洁、消毒和月检以及事故救援、综合维修和物资供应等，停车场还设置了物业开发。

上海 10 号线采用 6 辆编组 A 型车，最高运行速度为 80 km/h，由南京浦镇车辆厂和上海阿尔斯通交通设备有限公司制造。

上海 10 号线信号系统采用卡斯柯信号有限公司供应的无线移动闭塞、完整列车自动控制系统（ATC），系统具有集成度、自动化程度高，以及安全性、可靠性、可用性和可维护性强等特点。综合监控系统由南瑞集团提供。信号系统与综合监控系统采用互联形式。

2. 运营及维护方面

上海 10 号线于 2010 年 4 月开通有人驾驶后备模式运营，2010 年 7 月开通 CBTC 模式运营至 2014 年 8 月。2013 年 10 号线各专业启动全自动运行系统的调试，2014 年 8 月 9 日开始准无人模式（有司机职守的全自动运行模式）正式投入运营。

上海 10 号线自全自动运营以来，列车满载率稳定为 70%~80%，平均准点率和兑现率达到了 99.9%，平均速旅行速度提升 2.6 km/h，平均出入库时间减少 50%，在同等服务水平下配车数量减少 3 列，每千米配员人数减少 13 人，运维成本大幅降低，运营安全性、可靠性及运营效率均得到显著提高。全球新冠疫情前的 2019 年春节期间，10 号线日均客流达 90 万人次，日客流极值达到 106.7 万人次。

3.3.4 北京地铁燕房线

1. 设计及建设方面

北京地铁燕房线线路全长约 20.5 km，如图 3-5 所示，其中主线长 14.4 km（比原规划减少 0.8 km），支线长 6.1 km；沿线共设 11 座车站（比原规划减少洪寺站），均为高架车站，区间高架线敷设，平均站间距 1.9 km。

全线设停车场、车辆段 1 处，选址阎村北（原规划为顾册车辆段），接轨于阎村北站。列车设计速度为 80 km/h，车辆选用 B1 型车。初期、近期独立运营，采用 4 辆编组，远期（2040 年）和房山线贯通运营，采用 6 辆编组。

燕房线工程于 2013 年底开工，2016 年 4 月，国家发改委批准燕房线为国家自主创新示范工程。2016 年 12 月 28 日，燕房线东段（阎村东至星城）开始动车调试。2017 年燕房线开始全线动车调试。2017 年 8 月 15 日，燕房线全线开始空载试运行。2017 年年底，

第3章 全自动运行系统应用情况介绍

通车试运营。

燕房线与整个轨道交通网络衔接相对独立,作为示范线工程实施风险相对较低。从建设时序来看,该线是北京新一轮地铁建设的先期开通线路,采用的示范技术可在后续线路中推广应用。

图3-5 北京燕房线线路走向示意图

北京燕房线采用的地铁列车是我国自主研发的自动化等级最高的地铁列车。公司在设计、研发这辆地铁列车时采用了铁路标准中的最高标准,该车具备自动唤醒、自动检测、自动运行、到站精准停车、自动开关车门、运营结束后自动休眠、出现故障后自动恢复等功能。此外,该车的牵引、制动、网络、信号系统,以及全自动运行集成技术都是国内供货商自主研发的。

为提高全自动运行地铁列车的安全性,该车进行了诸多安全测试。地铁列车进行了障碍物检测、脱轨检测等,该车的关键系统均采用了冗余设计,列车出现故障后,其备用系统可以保证车辆继续安全行驶。遇到雨雪天气时,列车可以切换到雨雪模式,其速度、牵引力和制动力都会进行相应调整。此外,列车采用全自动控制方案,这样可以采用有人驾驶、自动驾驶、有人值守、全自动运行等不同的控制模式。

北京燕房线采用DC 750 V接触轨供电,最高运行速度为100 km/h,初、近期4辆编组,远期6辆编组,车辆由长客制造,信号系统由北京交通提供。

阎村北停车场位于燕房线线路东端,与既有房山线阎村车辆段基地共址,承担全线配属列车的定临修、运营车辆停放、列检、清洁、消毒和月检以及事故救援、综合维修和物资供应等。运用库与检修库倒装式布置。运用库由停车列检库和运转楼组成,洗车库与运用库并列布置,尽端式洗车。如图3-6所示。

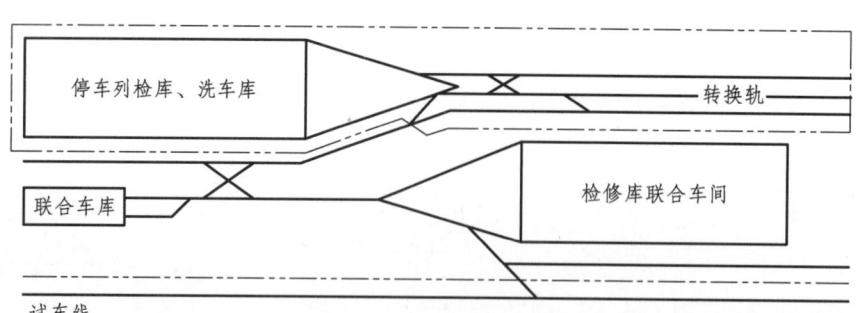

图 3-6　阎村北停车场全自动运行区和非全自动运行区

2. 运营及维护方面

2018 年度，燕房线各主要行车相关服务指标（即列车时刻表兑现率、列车正点率、列车掉线率、清人率、影响行车设备故障率和列车服务可靠度）达到先进水平，并且达到了北京市交通委对于开通 1~2 年、2 年以上线路的指标要求，如图 3-7 所示。

燕房线采用综合监控与信号系统集成平台列车综合自动化平台 TIAS，系统集成度高，对运维专业融合度要求高。系统功能更多、更复杂，对运维手段和人员素质要求更高，需要使用新的运维工具和手段保障运营要求。全自动运行涉及系统多，接口随之增加，专业间需要更深层次的配合；设备类型多、故障类型多，维保方式也需调整。基于上述变化，以信号专业为例，燕房线创新了维保模式，即与核心技术供应商合资的维保模式，发挥出核心技术优势推动维保工作的效果，提高核心技术提供方在当地轨道交通工作的积极性，降低对其他供货商依赖程度，提升维修深度，运营维保人员筹备压力降低。

序号	指标	考核指标（年度）	2018 年度表现	是否达标	交通委对开通 1~2 年的线路指标要求	交通委对开通 2 年以上的线路指标要求
1	兑现率	≥99.75%	99.998%	达标	≥99.80%	≥99.90%
2	正点率	≥99.60%	99.995%	达标	≥99.60%	≥99.80%
3	列车掉线率	≤0.055 列/万车千米	0.012	达标	≤0.05	≤0.04
4	清人率	≤0.060 列/万车千米	0.008	达标	≤0.05	≤0.04
5	影响行车设备故障率	≤0.10 次/万车千米	0.026	达标	≤0.09	≤0.07
6	列车服务可靠度	≥200 万车千米	∞	达标	≥210	≥220

图 3-7　北京燕房线 2018 年度运营效果及相关指标

第 3 章　全自动运行系统应用情况介绍

2019 年 12 月，北京轨道运营公司燕房线实现最高等级（GoA4）的全自动运行，至此已成功实现了列车内无人值守的全自动运营，即车辆从唤醒出库、正线运行、开关门作业、乘降作业，到清客折返、回库休眠等各环节已全部实现自动化运行。列车驾驶室间壁门经过改造，乘客可在车头直观感受全自动的地铁列车，如图 3-8 所示。

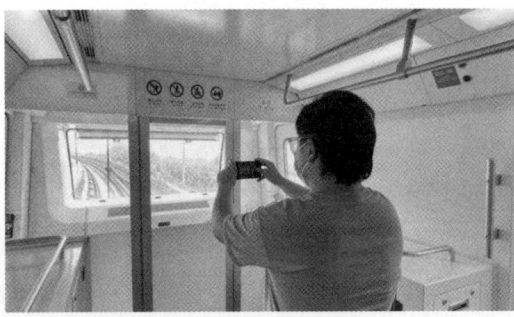

图 3-8　北京燕房线 2019 年实现列车司机室无人值守

第4章 PART FOUR

全自动运行系统的必要性和可行性

4.1 全自动运行系统的必要性

4.1.1 全自动运行系统的优势

全自动运行系统是较传统驾驶系统相比的优势可概括如图 4-1 所示。

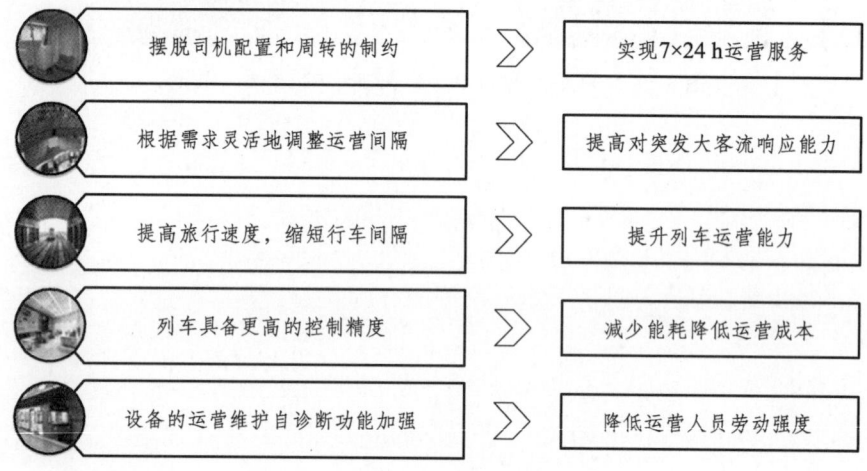

图 4-1 全自动运行系统的优势概述

1. 提升运营的安全性

全自动运行系统通过新增和增强多重的安全保障策略，确保列车运行安全、设备运营安全、系统功能安全、应急保障安全以及运营环境安全等，如图 4-2 所示。

1）采用充分冗余配置，提升可用性和可靠性

全自动运行系统的控制中心、车辆、信号等关键运行设备均采用冗余技术，减少运行故障，完善的故障自诊断和自愈功能更是提高了整个系统的可用性和可靠性。

信号在既有设备冗余的基础上，增强了冗余配置，包括车载控制器头尾设备冗余、与车辆接口冗余等。车辆加强了双网冗余控制，增加与信号、PIS 的接口冗余配置。

第4章 全自动运行系统的必要性和可行性

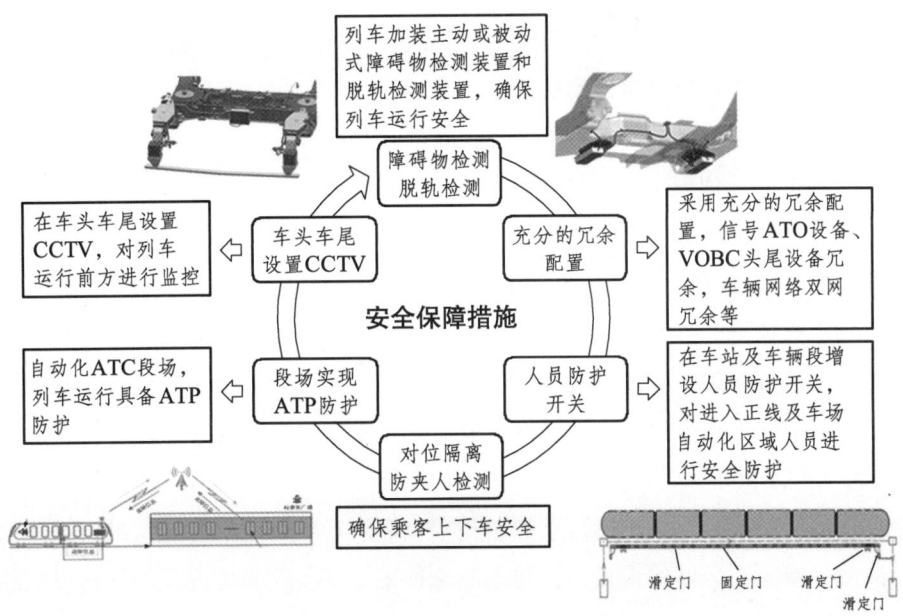

图 4-2　全自动运行系统提升运营的安全性

如上海地铁 10 号线逐步实施采用全自动运行系统后，运营可靠度实现大幅度提高，发生单件事故的万车千米指标如表 4-1 所示。

表 4-1　全自动运行系统提升运营的安全性示意图

序号	年份	线路运营模式	事故发生率/（万车千米/件）
1	2012 年	ATO 模式	249.7
2	2013 年	ATO 模式	249.8
3	2014 年	DTO 模式	1 371

2）增加安全防护设施，提高安全防护能力

全自动运行系统对列车运行全过程进行安全防护，主要包括以下功能。

（1）增强运营人员防护功能：在车站及车辆段增设人员防护开关，对进入正线及车场全自动运行区域人员进行安全防护。

（2）增强乘客防护功能：通过车门与站台门的对位隔离功能、站台门防夹人检测功能对乘客上下车进行安全防护。

（3）扩大了 ATP 的防护范围：车场全自动运行区域内列车运行 ATP 防护。

（4）增加了列车轨道障碍物、脱轨检测功能：列车加装障碍物检测装置和脱轨检测装置，实现轨道障碍物和脱轨检测功能。

（5）增强了应急情况下的各系统联动功能。

（6）增加中心处理突发情况的防护能力，包括远程紧急制动及缓解、远程扣车、雨雪模式、远程复位等。

3）减少人为误操作，提升系统安全性能

列车人工操作易受主观和外界因素干扰，从而在安全性方面存在不确定性和不稳定性，成为导致轨道交通故障或事故的原因。特别是网络化运营后，任何设备故障或操作失误，将严重影响正常运营秩序。据不完全统计，传统的城市轨道交通线路中有 50%~60%的意外事件是由于人的疏忽导致。

全自动运行系统利用先进的自动控制技术、智能运转的功能保障，结合人工监视、干预的机制，减少不必要的误操作；建立应急预案，具备灾害情况下的快速反应能力，大大提高了安全性。

2. 提升运营组织灵活性

1）有助于实现 7×24 h 不间断运营

全自动运行摆脱了有人驾驶系统司机配置和周转的制约，不受司乘人员的限制，可以实现全天不间断的运输服务，有助于实现 24 h 不间断的运输服务。

2）更灵活地调整运营策略

根据运输需求灵活地调整运营间隔，随时增、减列车，提高系统对突发大客流（大型活动，如体育比赛）的响应能力。

3. 提高运营能力

全自动运行系统可以缩短车站的停站时间，提高行车密度和全线的旅行速度，缩短行车间隔，提高运能。常规地铁系统实际最小运营间隔在现有技术条件下较难达到 2 min 以下，要解决特大城市地铁客流，特别是早、晚高峰时期客流需求，必须切实研究新技术，全自动运行技术可以提高行车密度，实现最小运营间隔小于 2 min，提高运营能力，挖掘地铁运输潜能。

国内外大客流的线路实施全自动运行系统的主要包括以下线路。

（1）上海地铁 10 号线：2010 年开通运营，2014 年实现全自动运行；线路长度 36.95 km，车站31座，配属列车41列（6辆编组）；10号线日均客流90万，单日客流极值达到106.7万；平均准点率99.99%，时刻表兑现率99.9%。

（2）巴黎地铁1号线：巴黎最繁忙的线路，2011年升级为全自动无人驾驶系统（UTO），线路长度16.4 km，车站25座，配属列车41列（6辆编组），列车运营间隔85秒，高峰小时最大断面客流2.4万人，日均客流72.5万人。

（3）巴黎地铁14号线：巴黎地铁新建线路，是法国第一条UTO线路，线路长度8 km，车站9座，配属列车21列（6辆编组），列车运营间隔85 s，高峰小时最大断面客流4万人。

（4）新加坡地铁东北线：2003年开通运营，是全球首条无人驾驶大客流地铁线；线路长度20 km，车站16座，车辆段1座，配属列车40列（6辆编组），列车运营间隔90 s。

4. 降低运营成本

全自动运行系统自动化程度较高，节省了人力、物力。虽然初期建设成本较常规地铁要略高，但后期可较大程度地降低运营维护成本。

（1）全自动运行系统比常规的有人驾驶系统减少了人为的因素，提高了设备的可靠性，缩短车站的停站时间，提高行车密度和全线的旅行速度，缩短行车间隔，能增加运能，节省在线运营车辆配置数量。根据上海10号线运营经验，全自动运行系统可使线路旅行速度提升约9.35%，平均出入库时间减少130 s，平均折返时间减少60 s，站台乘降作业时间缩短25 s，保持相同运营间隔情况下减少两辆列车上线，降低了空驶里程，优化了车辆修程。

（2）全自动运行系统的列车有更高的牵引和制动控制精度，可以避免不必要的加速和减速，使列车运行趋于理想的运行曲线，同时也可根据运行工况有效地调节列车空调、照明的工况，从而减少能耗，降低运营成本。根据上海10号线运营经验，从ATO运营模式到UTO模式，全自动运行系统正线平均节能15%~20%，车场内节能约20%~30%。

（3）全自动运行系统可以减少驾驶员数量，在系统稳定的情况下，甚至可以取消上线运行列车的驾驶员配置，同时全自动运行系统减少了对于车场服务人员、车站服务人员等需求，一定程度上能够降低运营成本。上海10号线开通后，从ATO运营模式到UTO模式，运营人员配置从52人/km减少到了39人/km，人员数量减少约30%（含司机）；在2020年减少至约32人/km。

5. 降低运营人员劳动强度

目前轨道交通人员，特别是司机的劳动强度已接近极限状态，全自动运行系统提高了系统的自动化程度，增强设备的自诊断功能，运营维护功能得到加强，降低了运营人员劳动强度，特别是将司机从重复作业中解放出来。列车上可以配置乘务人员，在为乘客服务的同时，监视列车运行状态，其劳动强度将极大减低，同时提高了对乘客的服务质量。

4.1.2 城市、国家、企业发展需要

全自动运行技术是国内轨道交通建设发展趋势和技术制高点。全自动运行系统引入了自动控制、信息通信、计算机等领域的最新技术，将全面提升轨道交通的自动化程度，满足国家创新发展的要求，满足人民群众对幸福生活的需求，满足企业快速发展的需求，并对轨道交通产业化有很大的提升作用。其必要性概括如下。

1. 落实国家技术创新规划的要求

1)《"十三五"国家科技创新规划》要求

2016年8月8日国务院印发了《"十三五"国家科技创新规划》，文件强调坚持创新是引领发展的第一动力，以深入实施创新驱动发展战略、支撑供给侧结构性改革为主线，全面深化科技体制改革，大力推进以科技创新为核心的全面创新，塑造更多依靠创新驱动、更多发挥先发优势的引领型发展，确保如期进入创新型国家行列，为建成世界科技强国奠定坚实基础。

2)《"十三五"交通领域科技创新专项规划》要求

2017年6月，科技部、交通运输部联合制定了《"十三五"交通领域科技创新专项规划》，文件强调轨道交通领域发展重点包括轨道交通系统综合安全评估与协同安全保障技术、轨道交通系统全息感知与泛在融合智能化技术、轨道交通运营与管理信息大数据深度应用、"互联网+"轨道交通精准服务模式、轨道交通智能运维与应急处置。

3)《增强制造业核心竞争力三年行动计划》要求

2017年11月，国家发展改革委关于印发《增强制造业核心竞争力三年行动计划（2018—2020年）》，对制造业的当前形势、总体要求、重点领域、政策措施等方面进行要求。

文件对轨道交通装备关键技术产业化提出明确要求。轨道交通装备是构建安全、高效、环保的现代交通运输体系的重要基础。持续提升轨道交通装备现代化水平，进一步

增强产业核心竞争力,有利于巩固和提高我国轨道交通装备在国际竞争中的优势地位。产业化的重点任务如下。

(1)发展先进适用城市轨道交通装备。研制中国标准城市轨道车辆及牵引、信号等关键系统,完善技术标准体系,推动互联互通和装备统型。加强全自动运行、综合运营管理与服务、主动安全检测与维护等智能化系统及装备研制,积极开展示范应用。加快研制 160 km/h 中速磁悬浮列车、跨座式单轨列车等自主化产品及核心系统部件,满足多样化市场需求。开发城市轨道交通综合检测列车及专业检测装备,提高综合检测和安全保障能力。

(2)构建新型技术装备研发试验检测平台。建设轨道交通研发平台,围绕智能车间、智能工厂建设,重点研制机车车辆、列车控制系统、高速道岔等智能制造系统及装备,形成人机一体、集约高效的新型制造模式。建设高铁关键系统及部件试验检测平台,提升高铁车辆、列车控制系统、信号系统试验检测能力,满足新技术、新产品试验检测及认证需要。建设城市轨道车辆及关键系统试验检测平台,提高多品种、多制式装备试验检测能力,形成行业技术服务体系,满足新产品开发及认证需要。

4)《新一代人工智能发展规划》要求

2017 年 7 月,国务院关于印发《新一代人工智能发展规划》的通知,对我国新一代人工智能的战略态势、总体要求、重点任务、资源配置、保障措施、组织实施等方面提出具体要求。

文件要求"以人工智能技术突破带动国家创新能力全面提升,引领建设世界科技强国进程;通过壮大智能产业、培育智能经济,为我国未来十几年乃至几十年经济繁荣创造一个新的增长周期;以建设智能社会促进民生福祉改善,落实以人民为中心的发展思想"。

文件要求建立新一代人工智能关键共性技术体系,自主无人系统的智能技术。重点突破自主无人系统计算架构、复杂动态场景感知与理解、实时精准定位、面向复杂环境的适应性智能导航等共性技术,无人机自主控制以及汽车、船舶和轨道交通自动驾驶等智能技术,服务机器人、特种机器人等核心技术,支撑无人系统应用和产业发展。

文件要求大力发展人工智能新兴产业。发展智能运载工具,发展自动驾驶汽车和轨道交通系统,加强车载感知、自动驾驶、车联网、物联网等技术集成和配套,开发交通智能感知系统,形成我国自主的自动驾驶平台技术体系和产品总成能力。

5)《促进新一代人工智能产业发展三年行动计划》要求

2017 年 12 月,国务院工业和信息化部发布《促进新一代人工智能产业发展三年行动计划（2018—2020）》。2020 年，一系列人工智能标志性产品取得重要突破，在若干重点领域形成国际竞争优势。

文件要求深入实施智能制造，鼓励新一代人工智能技术在工业领域各环节的探索应用，支持重点领域算法突破与应用创新，系统提升制造装备、制造过程、行业应用的智能化水平。着重在智能制造关键技术装备方面率先取得突破：实现智能传感与控制装备在机床、机器人、石油化工、轨道交通等领域的集成应用。

6)《"十四五"交通领域科技创新规划》要求

2022 年 4 月，交通运输部、科技部联合印发了《"十四五"交通领域科技创新规划》（交科技发〔2022〕31 号）。文件提出了"十四五"期间交通运输科技创新工作的指导思想、基本原则、发展目标和主要任务。针对交通，文件提出大力发展智慧交通，推动云计算、大数据、物联网、移动互联网、区块链、人工智能等新一代信息技术与交通运输融合，加快北斗导航技术应用，开展智能交通先导应用试点；将新一代信息技术与交通运输深度融合；针对轨道交通行业，研发新一代移动闭塞/车车通信及专用移动通信系统、智慧行车、智慧车站调度等技术。

2. 是轨道交通行业建设发展新趋势的要求

1）我国轨道交通建设的需要

随着我国轨道交通网络化进程的不断推进，特大型城市轨道交通路网初具规模，传统的线路行车运营方式将不能有效满足日益提高的交通客流和逐渐上升的运营成本，需要采用新的技术，以提高轨道交通网络建设的先进性。全自动运行技术在世界城市轨道交通建设中已被广泛应用，当前我国正在大规模地建设城市轨道交通，若此时不做全自动运行系统，将错过追赶国际先进技术的机会。

2）自主创新的国家发展战略的需要

自主创新、发展智能化轨道交通是我国城市轨道交通发展趋势，我国城市轨道交通经过多年发展，已经积累了雄厚的技术基础，客观上为自主创新发展智能化交通创造了必要的条件。全自动运行系统建设有助于推动轨道交通技术自主创新进程。

3）提高轨道交通技术先进性的需要

轨道交通技术发展已经证明，全自动运行是未来重要的技术发展方向和目标。全自动运行系统在降低运营成本同时提高轨道交通路网建设的先进性和轨道交通系统整体自动化水平。

3. 西安地铁提升安全管理、提升运营管理能力、降低运营成本的需要

从前文"4.1.1 全自动运行系统的优势"中可以得知，全自动运行有利于提高系统安全性、可靠性、可用性，保障大客流轨道交通的安全运营，挖掘线路运营能力，优化运营模式，提升线路自动化水平，降低运营人员的劳动强度，提升运营服务水平。

4. 西安市轨道交通产业发展的有力支撑

十九大以来，西安市紧跟国家行业宏观政策导向及城市轨道交通行业发展趋势，关中平原城市圈及西安都市圈的相关规划均已在2022年获得批复，西安市作为"一带一路"上的核心城市，需要发挥经济核心和引领作用，对周边城市也将起到带动作用，其市域范围将会有大的拓展。但西安市在轨道交通产业现阶段发展趋势弱于其他几个城市，下阶段，西安市城市轨道交通产业可围绕全自动运行系统进行布局，从需求侧推动供给侧的全面创新发展。

随着大数据和物联网应用为基础的工业4.0，客观环境的变化与技术手段的进步，要求我市产业发展不仅是技术层面、服务质量层面上的持续优化，更要求在总体产业布局、营运硬件、商业模式等方面进行全面迭代升级。全自动运行系统能够提出新的创新举措，带动相关产业大力发展。

综上所述，全自动运行系统的建设是落实国家技术创新规划的要求，是轨道交通行业建设发展新趋势的要求，是西安地铁提升安全管理、提升运营管理能力、降低运营成本的需要，是西安市轨道交通产业发展的有力支撑，因此西安地铁第三轮新建线路建设全自动运行系统是非常必要的。

4.2 全自动运行在新线建设的可行性分析

4.2.1 全自动运行技术难度可控

截至2021年年末，中国内地已运营、在建及规划城轨全自动运行系统的城市有北京、上海、深圳、广州、武汉、成都等28座城市，线路共计85条，其中已运营线路30条，

规划线路 9 条。换而言之，全自动运行系统技术应用已非常成熟。国内有关全自动运行的规范、建设标准等近两年也陆续颁布。实现全自动运行的核心系统，诸如，信号、通信、综合监控、站台门、车辆等主流厂家均有成熟的全自动线路的实施经验。此外，从事轨道交通设计的各大设计院均有参与全自动运行线路的设计经验。

4.2.2　全自动运行运营管理水平可控

西安地铁目前已经开通的 8 条线路均采用 CBTC，全功能一次性开通的宝贵经验也使得西安地铁运营人员的能力得到有效验证。同时，国内已经有更多的全自动运行线路开通运营可供借鉴。这为西安第三轮线路乃至后续远景线路采用全自动运行技术建设、运营提供了良好的运营保障和技术储备。

4.2.3　全自动运行建设难度可控

目前，西安地铁建设分公司已经成功建成 8 条线路，经过了十几年的管理和技术沉淀，形成了一套高效、科学合理的建设管理办法和一个业务水平高、团结协作的建设团队；在管控土建工程、系统设计、用户需求书编制、招标配合、设计联络、安装督导和检查、系统调试等全过程方面，积累了丰富的建设管理经验。针对全自动运行线路，建设分公司定期组织学习、讨论，还派技术骨干赴北京、上海学习交流建设管理经验。

近年来，我国国内高校及自主企业打破国外企业垄断，研发出具有我国自主产权的 CBTC 信号系统，已在我国城市轨道交通中得到了普遍应用，并较好地服务于城市轨道交通的发展。现在，国内外全自动运行系统的厂家已经形成较为完整和成熟的竞争模式，不存在技术垄断、技术门槛等问题。

随着对信号系统核心技术的不断钻研，国内企业在逐渐赢得客户认可之后，更进一步研究国际先进甚至处于空白的全自动运行列车控制技术，取得了一定的成绩和进展，面向我国需求的中国版 FAO 系统体系已经基本构建。当前，我国已经在关键技术的研发和自主产品的市场化方面取得突破，如首条采用自主化全自动运行技术的北京地铁燕房线，在性能、功能及运营指标方面均优于引进 FAO 系统，已大大降低了全自动运行系统的建设难度和建设门槛。

4.2.4 全自动运行工程筹划可控

西安第三轮建设规划中的线路计划开通时间基本集中于 2024～2025 年,根据上阶段对其他城市全自动运行线路的考察、调研情况及与集成商技术交流情况,全自动运行线路的系统实施、调试、安全评估及验收的时间较传统线路多半年左右。西安第三轮线路在科学进行工期筹划、合理安排调试时间的前提下,完全满足全自动运行系统需求,可实现 GoA4 级下较高开通水平。

4.2.5 全自动运行工程建设成本可控

根据目前的技术状态,国内已具备国产车辆、信号等关键系统的供货能力,各机电系统在提高可靠性、安全性等要求的情况下,可满足全自动运行系统运行的需要。这也促使国外的全自动运行系统厂家大幅度降低价格,报价逐渐趋于合理。

4.2.6 西安 15 号线全自动运行系统适应性

1. 线路概况

西安 15 号线工程为户县至中心城区的市域快线,是主城区南部横切线。主线由户县滨河新区至航天城二期核心区,支线由太平峪草堂寺景区至西留村。线路所串联的地点有户县副中心、草堂寺景区、秦渡古镇、梁家滩国际社区、高新区新区、郭杜、长安大学城、航天产业基地等。本线为市域快线,采用 6 辆编组最高速度 100 km/h 的 A 型车,构建户县副中心至主城区的快速通道,并服务秦岭旅游客流。本线呈东西走向,线路全长 60.7 km,共设 28 个车站。

15 号线一期工程(细柳-航天城段)沿规划韦斗路—郭杜西街—郭杜东街—西长安街—东长安街敷设,如图 4-3 所示,均为主城南部东西向的交通干道,依次串联高新区新区、郭杜镇、长安大学城和航天产业基地。

15 号线一期工程线路总长 19.46 km,均为地下敷设,共设 13 座车站,7 座换乘,平均站间距 1.575 km。一期工程设车辆段一座,位于细柳站南侧,姜仁村内,设主变电所两座。

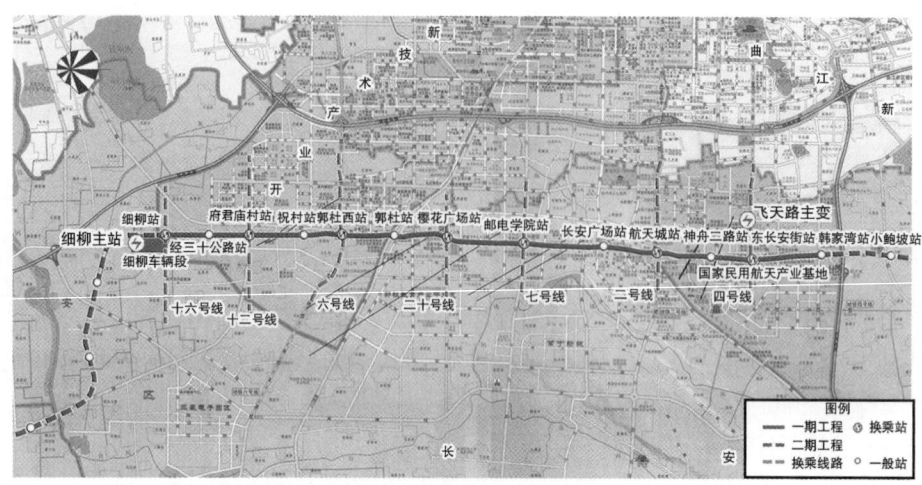

图 4-3　西安 15 号线线路

2. 行车配线、客流预测及系统运输能力

1）客流

根据客流成果预测远期全日客运量为 87.92 万人次,单向高峰小时最大客流断面达到 3.59 万人次。总体客流情况如表 4-2 所示。

表 4-2　客流总体情况

项目		初期	近期	远期
设计年度		2027	2034	2049
运营线路长度/km		18.9		60.9
全日	客运量/(万人次/日)	22.68	62.22	87.92
	年均增长率	—	15.5%	2.3%
	客运强度/(万人/km)	1.20	1.03	1.45
	平均运距/km	6.35	12.58	12.56
高峰小时	单向断面客流量/人次	1.03	2.55	3.59

2）列车运行交路

西安 15 号线初步设计阶段推荐初期采用单一交路,近、远期主、支线独立运营,高峰时段采用大小交路方案,小交路范围为千王村～韩家湾,大小交路按 2∶1 开行。初期开行 12 对,近期开行 12+6 对,远期开行 18+9 对。各设计年限早高峰行车交路如图 4-4、图 4-5 所示。

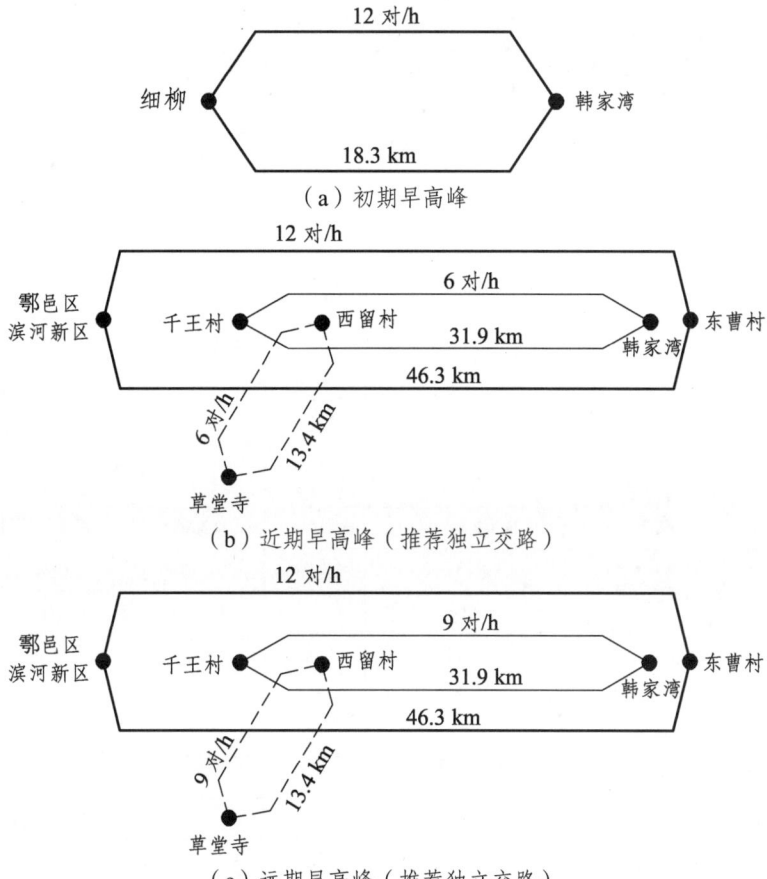

图 4-4 初、近、远期早高峰小时推荐列车运行交路图

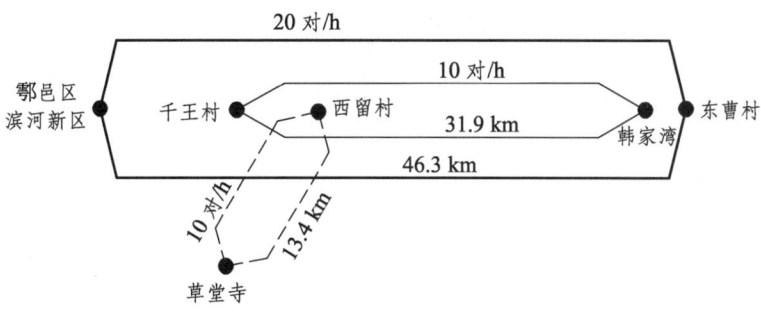

图 4-5 系统能力图（系统预留）

3）系统输送能力

根据列车开行对数、列车载客量，本线初期、近期、远期设计输送能力如表 4-3 所示。

表4-3　15号线各年限系统设计运输能力表

设计年度			初期	近期	远期	系统规模
运行交路长度/km	主线交路	大交路	18.3	46.3	46.3	46.3
		小交路	—	31.9	31.9	31.9
	支线交路		—	13.4	13.4	13.4
列车编组/(辆/列)			6A	6A	6A	6A
列车定员/(人/列)			1 608	1 608	1 608	1 608
预测最高客流断面/(人次/h)		主线	10 437	25 733	35 615	—
		支线		6 488	8 739	—
高峰小时列车开行对数/(对/h)		主线	12	12+6=18	18+9=27	20+10=30
		支线		6	9	10
单向高峰	设计输送能力/(人次/h)	主线	19 296	28 944	43 416	48 240
		支线	—	9 648	14 472	16 080
	运能富裕/%	主线	45.9%	11.1%	18.0%	—
		支线	—	32.8%	39.6%	—
	区间乘客最大拥挤度/(人/m²)	主线	2.2	4.3	3.9	—
		支线	—	3.0	2.6	—
旅行速度/(km/h)	主线	大交路	40	45	45	45
		小交路	—	45	45	45
	支线		—	45	45	45
列车配属	运用车/列	主线	13	26+10=36	39+14=53	44+16=60
		支线		5	7	7
	合计		13	41	60	67
	备用车/列		2	5	6	7
	检修车/列		2	4	6	7
	合计/列		17	50	72	81
	备用检修率		30.8%	22.0%	20%	20.9%

采用全自动运行模式线路列车开关门时间与普通线路相比可降低5~10 s，由于折返站停站时间减少，折返能力提高，进而可提高线路的系统能力，因此，线路可满足30对/h的系统能力要求。

4）全线配线设置

15号线全线配线设置，如图4-6所示。

第 4 章 全自动运行系统的必要性和可行性

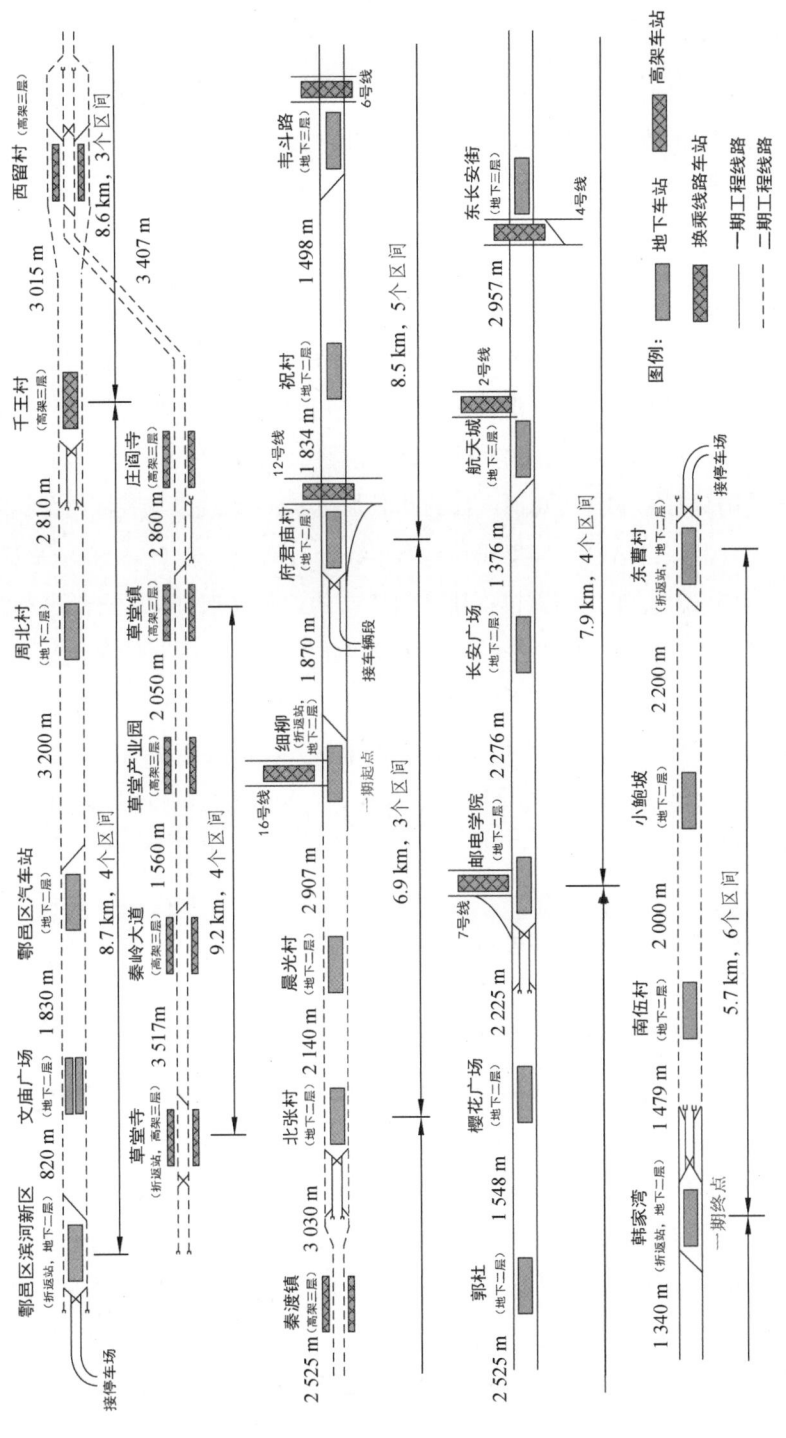

图 4-6 西安 15 号线初设阶段配线设计

3. 区间疏散平台

西安 15 号线地下区间设置纵向疏散平台，疏散平台在区间范围内连续、无障碍。疏散平台设置在行车方向左侧，平台板位于轨面以上 900 mm 处。由于 15 号线一期工程线路曲线半径较大，疏散平台宽度按不小于 700 mm 考虑，可满足全自动运行限界及疏散要求。

4. 机电系统

1）综合监控系统

全自动运行的监控及集成系统仍是少数发达国家掌握的复杂技术，我国第一条自主研发的全自动运行系统国家级示范应用线——北京地铁燕房线的开通运营，代表我国已打破国外公司在该领域的技术垄断和技术封锁。北京市将 3 号线、12 号线、17 号线、19 号线、新机场线采用具有完全自主知识产权的互联互通 FAO 系统，实现网络化运营。

燕房线采用综合监控与信号系统集成平台列车综合自动化平台 TIAS，系统集成度高，对运维专业融合度要求高。工作界面模糊化，组织新的运营管理机构全自动运行涉及系统多，接口随之增加，专业间做到更深层次的配合。此外，上海 10 号线采用综合监控与信号系统互联，通过综合监控与信号系统的通信接口，实现全自动运行需求。

综合监控系统的主流厂家如北京和利时、南京南瑞、上海宝信、浙大中控等的自主研发平台，近年来都获得了 SIL2 的安全认证，达到了全自动运行的可用性标准，技术已趋于成熟，且完全可实现国产化，更有利于西安 15 号线的建设和实施。

2）通信系统

无论是全自动运行系统还是常规轨道交通线路，通信系统均由专用通信系统、公安通信系统及民用通信系统组成。通信各子系统设备配置也均基本相同。

地铁通信系统经过多年发展，已具备高可靠性、安全性和兼容性，技术成熟，达到了全自动运行的可用性标准，且除部分无线调度系统外均可实现国产化。通信系统完全适应西安地铁 15 号线采用的全自动运行模式。

3）信号系统

信号系统满足 15 号线 A 型列车 6 辆编组，列车运营速度 100 km/h，初、近、远期的运营要求的行车间隔。折返站的折返能力和车辆段的出入段能力与正线行车间隔相适应。

正线区段按双线双方向运行设计，正常情况下列车在右侧线路运行（正方向行车）。特殊情况下列车应能在左侧线路运行（反方向行车）。反方向行车时应具备 ATP 功能。经过对 15 号线一期运营需求，本工程信号系统的选择、设计需从以下几个方面综合考虑。

（1）坚持系统的安全性、可靠性及成熟性。

（2）系统设备对本工程的适用性。

（3）满足全自动运行功能。

（4）满足市轨道交通发展规划的要求。

（5）便于系统功能的扩展和延伸。

（6）符合信号控制技术的发展趋势。

信号系统按地域划分可分为控制中心设备、正线车站及轨旁设备、车辆段（含试车线）设备、车载信号设备、维修中心设备和培训中心设备。

凡涉及行车安全的信号系统及设备均必须满足故障-安全原则，应具有高的安全性和可靠性，主要行车设备的计算机系统应采用多重冗余技术，当主用设备故障时能够自动切换至备用设备，并给出相应的报警信息，主、备设备之间的转换应确保系统的连续性（包括控制与显示）。但在特殊情况下，系统可降级运营，直至设备故障排除。

信号系统平常工作在集中控制状态，采用全自动运行，系统具有降级运行模式，必要时可以组织降级运行模式的行车。信号系统平时采用中心自动控制，必要时中心调度员可实现人工控制，中心设备故障或通道故障以及运行需要时可转为车站自动控制或车站人工控制。

西安地铁 15 号线一期工程信号系统的设计能满足全自动运行的技术要求，并且具有 UTO（无人值守下列车自动运行）的功能，包括在没有司机参与的情况下，车辆在控制中心的统一控制下实现全自动运行。

正线采用基于 CBTC 的信号系统，车辆段自动化区域配置独立的 ATP/ATO 设备。车地通信采用基于 LTE 的冗余双网。

信号系统的主流厂家如北京交控、卡斯柯、泰雷兹、铁科均有全自动运行线的开通或在建线路，技术已趋于成熟，且完全可实现国产化，更有利于西安 15 号线的建设和实施。

4）站台门

西安 15 号线一期工程的车站均为地下站，站台门采用全高封闭设计，以激光探测方式实现防夹监测，通过接口实现对位隔离功能。目前，有厂家的站台门达到了 SIL2 级，满足全自动运行的要求。

综上所述，本章通过对全自动运行系统的优势，企业发展、城市发展及国家战略层面逐层深入分析，从全自动运行系统技术、西安地铁建设、运营管理经验、工程筹划及工程建设成本等多维度论证，证明西安地铁15号线采用全自动运行系统是可行的。同理，包括西安地铁8号线、10号线、16号线的第三期建设规划的其他线路实施全自动运行技术也是可行的。

第5章 PART FIVE

全自动运行的运营管理模式

5.1 全自动运行的主要运营模式

全自动运行系统与传统驾驶系统的区别在于通过高度集成化、信息化、自动化的列车自动控制系统，由控制中心调度人员代替司机完成相关列车控制、乘客服务以及车辆设备状态的监控。相较常规运营模式而言，全自动运行系统加强了中央级的控制，减少或弱化了现场乘务组织的管理，能够进一步加强各系统间的关联性，从而提高故障处理中的统筹协调效率。

5.1.1 非全自动运行运营模式

1. 管理架构

常规线路的运营管理和维护管理均由运营中心负责，采用线路控制层、现场执行层的两层管理架构。常规的管理架构如图 5-1 所示。

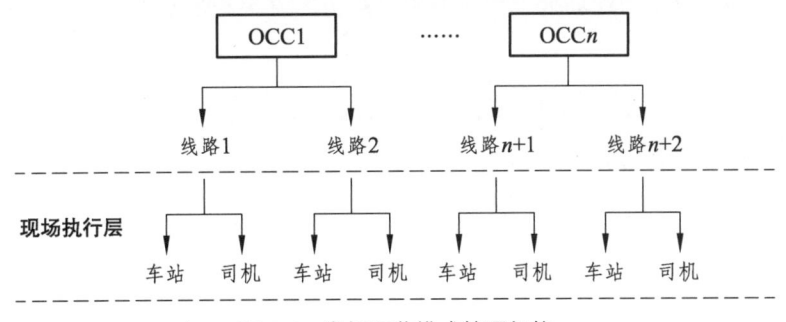

图 5-1 常规运营模式管理架构

2. 管理模式

列车运行主体由运营中心负责，运营中心为所辖线路（含客运、乘务、设施）的一线生产组织责任主体，须执行线路运营计划，负责所辖线路的日常管理等。

控制中心（OCC）由值班主任统筹把控全线列车运行组织，配备电调、行调、环调、信息调度等岗位，协调线网各类故障维修、行车组织、信息上报等业务。客运管理采用线路直管车站、车站站长负责制模式进行管理，各线路由分部管理，分部配备主任、技术人员等，管理整条线路的车站管理、客运组织、票务服务等工作，车站配备站长、值班站长、值班员和站务员，实行站长负责制，承担车站管理、客运组织、应急处置等业务。上线列车司机由乘务部统一管理、调配，同时车辆段/停车场配备运转信号楼值班员，承担上线调试、检修、列车司机每日出入库等业务。设施设备部门（机电、通号、工电等）负责对全线设施设备进行维修、管理，车站专业性机电设备委托外单位进行维修。

5.1.2 全自动运行下的初期运营模式

全自动运行线路在初期一般先执行 GoA3 等级的运营模式作为过渡，采用全自动列车运行方式（DTO），运行方式为有人值守下的列车自动运行（DTO），配备现场巡查人员。

1. 管理架构

两层管理架构，即为线路管理层和车站现场执行层。其中，线路管理层的职能得到强化，承担全线的行车组织、调度指挥、应急指挥、专业性维护（车辆、供电、通信和信号等）等线路系统级管理业务的运作；车站现场执行层作为现场执行主体，接受线路管理层指令，承担客流组织、客运服务、现场处置、一般性维护（车站设施设备维护、车辆基地维护等）等车站现场级管理业务的运作。如图 5-2 所示。

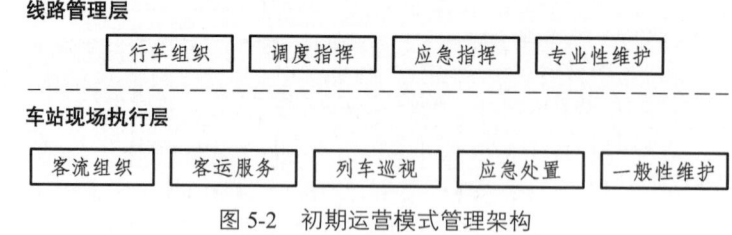

图 5-2 初期运营模式管理架构

2. 管理模式

全自动运行线路的列车运行全过程，由控制中心远程控制，无需配备列车司机。

控制中心除配备行调、环调、电调、信息调度等调度员外，另增加乘客调度与车辆调度，一方面进行远程车辆控制和乘客服务，另一方面承担列车的全自动运行以及列车在车场的调车作业。

车站配备站长、值班站长、值班员和站务员，实行站长负责制，承担车站管理、乘客管理、客运组织、应急处置等业务。车辆段/停车场配备车辆管理员、日常维护人员，承担车辆的日常检修和维护，但不包括定修和架大修。

传统电客车司机可转化为巡查人员或其他人员，工作职责由驾驶列车转变为服务乘客、应急操作或其他岗位业务。

正常情况下全自动运行系统自动完成各项操作，紧急情况下由控制中心调度实现远程控制与干预处理，现场的故障处置由在站巡查人员或车站人员进行先期处置。

3. 运营模式

GoA3 等级下，列车运行方式为有人值守下的列车自动运行（DTO），人员配置方面配备巡查人员。

运营期间巡查人员负责所有车站和列车的巡视，并负责列车故障处置、人工驾驶、设施设备维修等业务。

5.1.3 全自动运行下的中远期运营模式

中远期运营模式执行全自动运行 GoA4 等级，驾驶模式均为 FAO 模式，GoA4 等级下，列车运行方式为无人值守下的列车自动运行（UTO）且无巡查人员。对比 GoA3 等级的运行模式（DTO），其主要区别在于未配备巡查人员，因此管理架构与管理模式和初期运营模式基本一致。

GoA4 等级下，列车运行方式为无人值守下的列车自动运行（UTO），人员配置方面无巡查人员，因此运营管理中可组织成立多职能队伍。

每日运营前在线多职能队伍乘坐巡道车沿线巡视，自动检测轨道上是否有障碍物，测试列车内乘客是否能够通过乘客对讲电话与 OCC 人员进行通话，隧道内停车时 OCC 能否立即向乘客发出通告。出现故障时，多职能队员可快速进行干预。

对于列车碰撞、火灾、触电、结构物坍塌、水淹、乘客跌落轨道、供乘客使用的设备失灵等事故或事件的预防和系统联动由全自动运行系统线路功能进行实现，配备相应的应急预案。

5.2 全自动运行与常规线路运营管理方面的区别

5.2.1 运营生产管理区别

1. 组织架构及职责区别

常规驾驶系统控制下，运营行车组织主要设置岗位：司机、行车调度员、车站站务人员。司机负责驾驶操纵列车及故障应急处置；行车调度员负责监视列车运行状态，保证按运行图行车，在故障情况下，通过调度命令指挥司机及相关专业人员处理；车站站务人员负责乘客乘降组织及故障协助现场处置。

全自动运行系统模式下，运营行车组织主要设置岗位：行车调度员、车辆调度员、客运调度员、车站站务人员。OCC 在原岗位设置基础上增加车辆调度员和客运调度员，其中车辆调度员负责车辆检修计划安排和调度工作；客运调度员主要负责车站内和列车内乘客联系，站内或车内信息广播等工作。OCC 调度员通过高度集成信息化系统替代司机完成相关行车控制、乘客服务以及车辆与设备状态的监控，可以直接远程控制列车运行，通过远程传输与列车内乘客直接对话，因此，在全自动运行模式下，控制中心的调度功能大大增强了。

2. 司乘人员配备区别

常规驾驶系统下，每列车需要安排司机值乘，根据列车上线数量、折返换乘点设置及行车间隔配备一定数量司机按照相关班制组织生产任务，需要司机数量较多。

全自动运行系统下，UTO 模式运行时，不需要每列车配备司机，正线设置多职能队伍分区段进行巡视，可以减少运营人员编制并减少了人力成本支出。

3. 司乘人员劳动强度及安全可靠性区别

常规驾驶系统下，出入场段、正线站台作业、折返作业需要司机进行大量的手指、口呼标准化作业，列车发生故障后，也需要司机及时处理，司机劳动强度较大，误操作概率较高，因人为失误引发的安全事故比例较高，运营安全可靠性较低。

全自动运行系统采用先进的全自动运行控制系统，通过切实有效的控制策略确保运营安全，开通初期（有人值守）列车上安排司机巡视，正常情况下司机只是设备监视，如遇到突发情况才介入处理。全自动运行系统最高等级下，列车上不安排司机，只是在全线安排多职能队伍巡视，遇到较大故障时介入处理。全自动运行系统大大降低了司机劳动强度及司机误操作概率，运营安全可靠性较高。

4. 场段运作管理方面区别

常规驾驶系统模式下，一是场段运作由信号楼调度及检修调度统一负责组织，场段与正线具有明确的界限划分；二是组织列车出入场段时，场段信号楼值班员在微机操作台上排列进路组织，微机控制台故障时现场人工准备进路组织，行车组织效率及安全可靠性较低；三是常规驾驶系统场段未划分全自动运行区域（无人驾驶区）和非全自动运行区域（有人驾驶区），场段安全管理措施主要依靠人员标准化作业卡控，要求司机驾驶加强瞭望、场/段信号楼等相关作业人员须严格按章作业。

全自动运行系统模式下，一是列车自动运行控制范围由正线延伸覆盖至场段全自动运行区域，代替了常规驾驶系统下的场段信号楼部分行车组织功能，场/段划分为全自动运行区域（无人驾驶区）和非全自动运行区域（有人驾驶区）。其中，无人驾驶区包括运用库及出入场段线和咽喉区、转换轨、牵出线、洗车线、停车列检线等相关区域；有人驾驶区包括大架修线、定/临修线、镟轮线、吹扫线、静调线、内燃机车线、特种车辆存放线、平板车停放线、材料线、检修牵出线等。整个场段纳入中央 ATS 系统监控，场段内设车站级 ATS 工作站，正常情况下，全自动运行区域由 OCC 控制，非自动运行区域由场段 DCC 控制室 ATS 终端控制，将场/段非全自动运行区域行车组织功能与场段检修调度合并。二是全自动运行系统取消了场段信号楼组织列车出入场/段功能，由系统自动组织列车出入场/段，避免了人工组织过程中失误导致接发车延误或者安全事故，提高了场/段行车组织效率及安全可靠性。三是全自动运行系统场段划分了全自动运行区域（无人驾驶区）和非全自动运行区域（有人驾驶区），全自动运行区域完全物理隔离，人员只能通过固定通道的门禁身份识别进入，为了保证安全，严格控制人员进入全自动运行区域，运用库列检区域需要划分成多个防护分区，并设置下穿轨道的地下通道，通常 2~3 股道设置为 1 个防护分区，各防护分区入口设置门禁，同时设置人员防护开关，当人员防护开关被激活时，该区域被封锁，禁止分区内的列车移动，该分区也不能接、发车或调车，在一定程度上降低了行车及作业人员冲突的安全风险。

5. 运营目标方面区别

相比于常规驾驶系统，全自动运行系统节省时间，可以有效缩短行车间隔、提高旅行速度，加速车辆周转。据统计，上海地铁 10 号线采用无人驾驶运营，平均旅行速度提高 8.8%，按每列车 6 人配置，每名司机年使用成本 10 万元，若远期无需随车人员，每年可减少 60 万/列。全自动运行系统通过岗位综合减少定员，有效降低运营成本，上海地铁 10 号线目前每千米的运营人员是 39 人，较传统项目的 52 人/km 有了明显降低，上海地铁全自动运行线路运营提出的目标是 28 人/km。

5.2.2 重点运营环节区别

1. 列车库内启收车、检车方面

常规驾驶系统为司机人工操作上电、启车、检车及收车，包括静态检车及牵引制动方面动态检车。

全自动运行系统列车根据参数设定自动唤醒、自动休眠、自动启车、检车。

2. 空调、照明等乘客服务设备开关方面

常规驾驶系统为司机手动开关空调、照明等乘客服务设备。

全自动运行系统由中心设置参数，通过各工况进行自动控制，中心远程监控。

3. 列车站间运行方面

列车站间运行常规驾驶系统为 ATO 自动驾驶，ATO 自动驾驶不可用时，人工故障处理后采用人工驾驶模式。

全自动运行系统为 FAM 自动驾驶，FAM 不可用，车辆与信号接口通信故障时，采用蠕动模式（CAM）组织列车至站台停车后打开车门，等待司机上车处理故障。

4. 列车进站停车方面

常规驾驶系统为 ATO 自动对位停车，若 ATO 没有准确对位停车，需要司机人工驾驶模式调整列车位置。

全自动运行系统为 FAM 自动对位停车，若一次停车没有对位，系统自动调整列车位置。

5. 开关车门、站台门方面

常规驾驶系统列车到达站台停稳后，车门自动打开、司机手动关门，车门与站台门联动开关，在车门或站台门故障情况下，司机进行手动开门控制。

全自动运行系统列车到达站台停稳后，系统自动打开车门、自动关闭车门，车门与站台门联动开关。全自动运行系统具备对位隔离功能，即故障车门对应的站台门不会打开，故障站台门对应的车门不会打开。

6. 终点站清客及折返作业方面

常规驾驶系统列车到达终点站后站务人员清客完毕，向司机显示"好了"信号，司机确认安全后关门并操作设备后进行自动折返。

全自动运行系统列车到达终点站后站务人员清客完毕，由站务人员操作站台清客完毕按钮，系统自动关门自动折返。

7. 轨道障碍物检测方面

常规驾驶系统依靠司机瞭望及观测，发现异物侵限司机采取相应措施。

全自动运行系统通过轨道障碍物检测系统检测，检测发现障碍物后车辆施加紧急制动，车辆将障碍物信息传递给信号系统，信号系统输出紧急制动停车并汇报地面ATP以建立防护区域，并将信息向OCC报警反馈，同时联动区间CCTV，OCC调度查看现场情况，通知人员到事发地点处理。

8. 车门与站台门夹人夹物处理方面

常规驾驶系统主要依靠司机瞭望及观测，一旦发现夹人夹物，司机立即采取措施，并通知车站站务人员配合处理。

全自动运行系统通过异物检测系统检测，异物检测系统判定有异物时，将结果传送至站台门系统，站台门保持打开状态，站台门将检测结果传送至综合监控，CCTV切换至故障点，OCC调度员组织车站站务人员将异物清除，站务人员关闭车门/站台门后动车。

9. 设备故障检测及排除方面

常规驾驶系统主要由司机负责处理车辆及车载信号设备故障。

全自动运行系统由OCC调度通过监控系统远程进行车辆及车载信号故障监视及处理，如远程无法处理时通知正线多职能队伍及专业人员上车处理。

10. 乘客广播服务方面

常规驾驶系统在广播故障情况下或突发应急情况下，由司机对乘客进行广播服务，

OCC负责向司机下达相关运营组织信息。

全自动运行系统在广播故障情况下或突发应急情况下，由OCC直接对乘客进行广播服务。

11. 列车救援组织方面

常规驾驶系统在列车故障经司机处理无法动车时，由司机负责列车救援，OCC通过向司机下达指令组织列车救援。

全自动运行系统在列车故障时，OCC通过远程调度救援，或安排人员上车救援。

12. 区间乘客疏散方面

常规驾驶系统在列车迫停区间由司机负责组织乘客疏散。

全自动运行系统在列车迫停区间由OCC调度通过监控系统组织乘客疏散，包括逃生门与风机联动开启、广播引导等。

13. 场/段洗车组织方面

常规驾驶系统为场段信号楼及洗车库值班员组织列车洗车作业，司机驾驶列车按照场段信号楼及洗车库值班员指令进行洗车。

全自动运行系统由场段调度将洗车计划导入系统，系统自动组织控制列车洗车，司机无需值乘。

5.3　全自动运行系统的运营组织架构研究

全自动运行系统是一项复杂的系统工程，车辆在控制中心的统一控制下实现全自动运营（GOA4等级），自动实现列车休眠、唤醒、准备、自检、自动运行、停车和开关车门，以及在故障情况下实现自动恢复等功能，最终实现列车整个运行过程全自动控制。全自动运行系统的实现进一步增强了城市轨道交通系统装备的可靠性、安全性、可用性和可维护性。

为适应全自动运行模式下的运营管理需要，根据全自动运行系统高度集成、密切联系的特点，全自动运行系统运营组织架构按照以下思路进行设计。

5.3.1 国内全自动运行线路组织架构情况

现以目前国内已开通的北京地铁燕房线、上海地铁 10 号线运营组织架构为例,对全自动运行系统的组织架构进行分析。

北京燕房线是国内第一条自主化全自动运行系统的线路,按照 GOA4 等级完成建设,现由北京市轨道交通运营管理有限公司运营管理。燕房线由主线、支线两部分构成,其中主线长约 14.4 km,共设 9 座高架车站,2017 年 12 月 30 日正式开通试运营,其运营组织架构如图 5-3 所示。

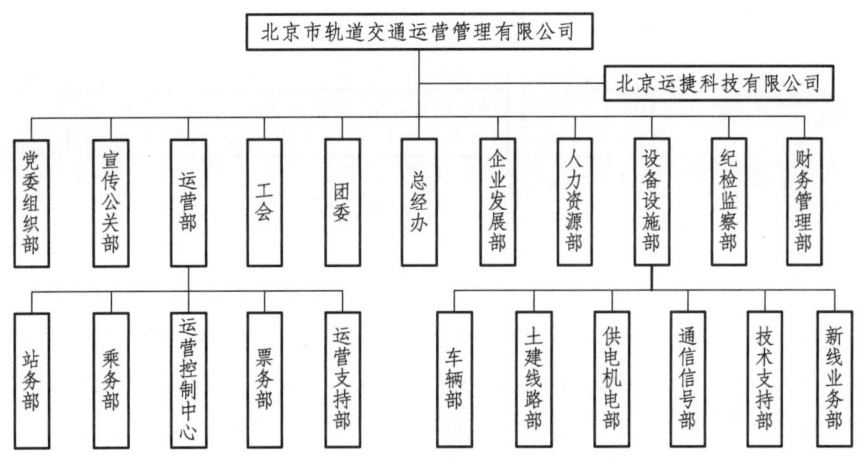

图 5-3 北京地铁燕房线运营组织架构

北京市轨道交通运营管理有限公司的组织架构按照工作内容不同分为机关后勤、运营组织及设备维保三大板块。其中运营部下设站务部、乘务部、运营控制中心、票务部及运营支持部 5 个二级部门,负责燕房线的运营生产工作。设备部下设车辆部、土建线路部、供电机电部、通信信号部、技术支持部及新线业务部共 6 个二级部门,负责燕房线设备设施的维修维保工作。

上海地铁 10 号线是中国境内第一条全自动运行线路,按照 GOA4 等级完成建设,目前由上海申通地铁股份有限公司下设子公司上海第一运营有限公司运营管理。10 号线线路全长 36 km,共设 31 座车站,2010 年 4 月正式开通试运营。其运营组织架构如图 5-4 所示。

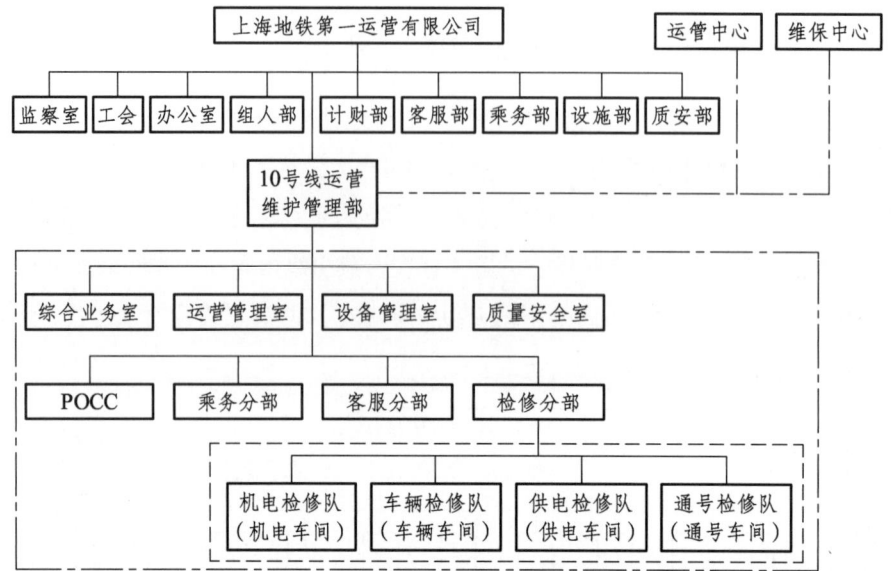

图 5-4 上海地铁 10 号线运营组织架构

上海申通地铁股份有限公司运营线路 16 条，运营里程 643.58 km，其运营组织架构根据工作内容不同分职能层、生产辅助层和生产核心分公司三项机构，除通用职能管理部门外，负责线网运营组织及维护管理的有运营公司、运管中心和维保中心三大模块。其中运营公司下设运营一公司负责上海地铁 1、5、9、10 号线的乘务、站务、车站设备设施维护等方面运营管理；运管中心负责线网总体行车组织和应急指挥，发挥管理协调职能；维保中心下设车辆分公司、信号分公司、通信分公司、轨道分公司、工务分公司、供电分公司 6 个分公司负责线网相关系统设备的维护保养。

为满足全自动运行运营管理专业统筹、精简高效的目标，同时考虑全自动运行体系的差异性，10 号线成立运营维护管理部，整合 10 号线维保板块人员和业务，全面负责 10 号线控制中心、客运乘务及相关设施设备的全寿命管理等工作。运营维护管理部下设 8 个二级部门，具体负责 10 号线综合管理、行车指挥、客运服务以及机电、车辆、供电、通号专业的维保实施。

对比北京燕房线和上海地铁 10 号线运营组织架构，其线路总体架构均分为职能机构、线网运营和设备维保 3 个模块，3 个模块工作职能大致相同。

5.3.2 西安地铁新线建设情况

1. 全自动线路规划情况

西安地铁第三期规划的线路包括1号线三期、2号线南北延、8号线、10号线一期、14号线、15号线一期、16号线一期共计7个项目。其中1号线三期、2号线南北延、14号线均为延长线（14号线为原机场线东延段）。

经以上研究，西安地铁三期建设规划中的新建线路采用全自动运行系统是必要、可行的。因此，本章对全自动运行系统架构研究首先是基于1条线路全自动运行架构，然后引申至多条线采用全自动运行系统展开研究。

2. 线网各控制中心建设情况

西安市地铁线路控制中心（OCC）的建设模式明确采用区域集中式控制中心的建设模式。全线网最终形成4处区域集中式控制中心，远期每座控制中心所管辖的线路为4条线至8条线，每处区域控制中心宜设置配套的运营管理架构。运营分公司可在每处区域控制中心设立运营分中心，负责本区域控制中心所管辖的线路运维。三期建设规划线路中，除延长线外，8、10、15号线由长鸣路控制中心管辖，16号线近期纳入沙河滩控制中心管辖，远期计划搬迁至长鸣路控制中心。14号线（机场线）目前独立位于渭河西控制中心，远期拟迁移至渭河控制中心，具体如图5-5所示。

5.3.3 组织架构设置总体思想

1. 以运营管理定位为导向开展组织设计

运营需求是全自动运行系统设计的重要来源，一是不同的建设等级和运营模式与之相匹配的基础土建、组织架构、管理体系、制度支撑、人员岗位等模块均不相同；二是根据国内已开通全自动运行线路经验，全自动运行能力需要逐步养成，不同运营等级间的调整较为困难，运营过渡期较长，因而全自动系统组织前期设计必须以运营管理定位为导向，在设计初期确定运营等级，从而使后期设计匹配不同的运营目标。

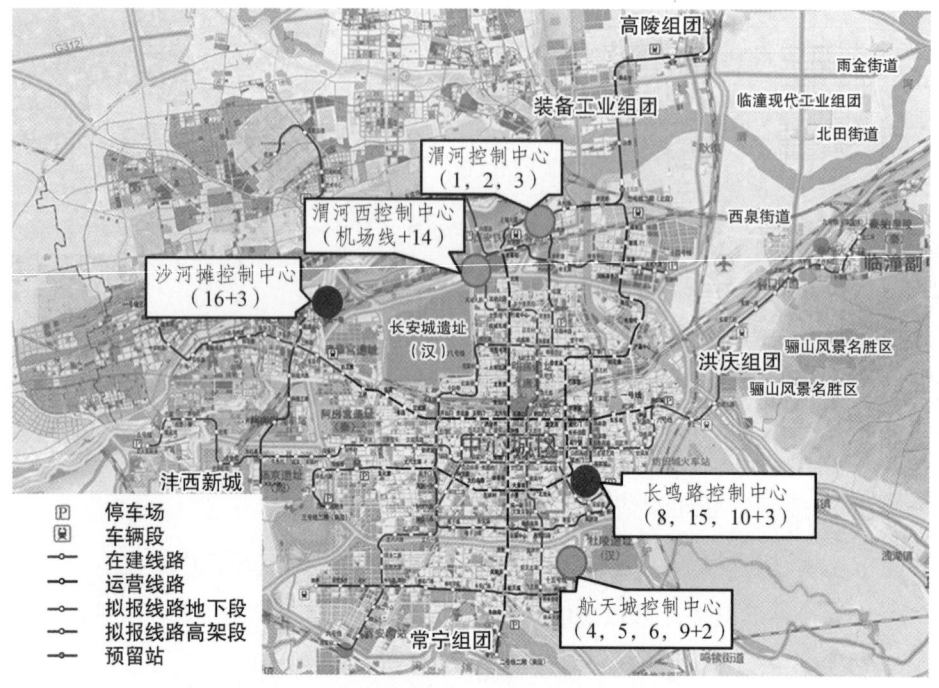

图 5-5　西安地铁已建/在建区域控制中心布局

2. 架构独立、便于调整

全自动运行系统是以运行场景和运营规则为主线进行设计，设备高度集成，接口众多，与常规运行管理模式区别较大，因而其组织架构的设计应不同于既有线路的运营组织模式，此外，全自动运行组织体系变化较大，管理规则不断优化，因此，全自动运行线路的组织架构设计要相对独立，便于架构的不断完善和调整。

3. 充分授权、灵活管理

全自动运行系统具有更安全、更可靠、更智能、效率更高等诸多优势，其运营组织模式的细微调整或变化，会带来运营管理体系较大的改变。一是为进一步发挥全自动线路系统优势，全自动线路的管理需充分授权。二是全自动系统导致人机配合、操作规则等不断变化，也需要对全自动线路管理充分授权、灵活管理，以便流程再造和制度调整优化。

4. 超前思维，搭建基础

鉴于全自动运行线路具有研究性、示范性和推广性，因而架构设置不仅要参照实际的生产需要，而且在设置中需为后续的扩张做好准备，增强组织的扩张能力，为后续更多线路的全自动运行应用奠定基础，此外，架构的设置要按照精简机构，减少部门外部接口的原则，将业务相近的专业进行整合，将专业接口下沉到部门内部，同时强调职能机构的服务性和支持性，从而提升部门之间的沟通、协作效率。

5.3.4 组织架构方案

1. 方案概述

结合全自动运行线路运营特点，线路运营组织拟采用项目公司制，负责所辖线路运营组织和管理，其优点在于一是全自动运行系统对比传统线路，具有较强的独立性和差异性，该模式灵活性强，便于线路独立管控、自我变革；二是全自动系统内部深度集成、接口众多，更新优化较快，采用独立管控能够充分授权，不断优化；三是以项目公司模式经营，有利于运营业务本身不断深化，自主性及协调指挥能力较强，便于为后续全自动运行线路积累经验。

因西安地铁三期线路 15 号线、8 号线、10 号线、16 号线及其他可能采用全自动运行线路的运营主体及总体管理模式尚未明确，拟定以下两种管理方式对其组织架构进行研究。

一是全自动运行线路由目前西安市轨道集团运营分公司运营，其组织架构在运营分公司当前架构的基础上进行扩展设置。此种模式下分两种情况，情况一：多条线路采用全自动运行，运营分公司下单独成立全自动运行线路运营中心，统筹管辖几条全自动运行线路的运营工作，详见方案一；情况二：仅一条线路采用全自动运营，在运营分公司下成立单线路项目中心，其组织架构详见方案二。

二是考虑 PPP 运作模式，如全自动运行线路由 PPP 公司中标运营，此模式下分两种情况。情况一：三条线路由同一个 PPP 项目公司中标，其运营管理为一个项目公司，其组织架构设置详见方案三；情况二：三条线路分别由三个 PPP 项目公司中标，三条线路由三个项目公司分别管理，其组织架构详见方案四。

2. 方案一

1）总体架构

西安地铁三期线路 15 号线、8 号线、10 号线及其他可能采用全自动运行的线路由目前西安市轨道集团运营分公司运营，其组织架构在运营分公司当前架构的基础上进行扩展设置。为确保全自动运行线路的灵活性和独立性得到保障，最大限度地发挥组织架构效能，建议在运营分公司下单独成立全自动运行线路运营中心，统筹管辖全部全自动线路的运营工作，下设机构设置参照其余运营中心设置，目前的线网管控中心统筹负责清分、票务、线网应急指挥等工作，管理部门的监管范围扩展至该中心，同时充分授权运营中心，独立负责本中心规章制度、运作标准的研究和发布等。组织架构如图5-6所示。

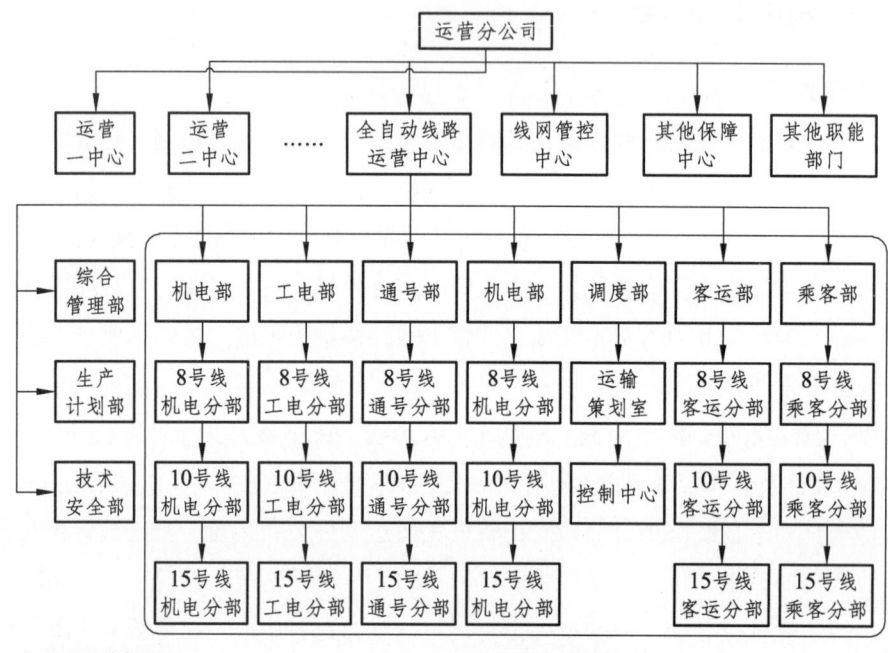

图5-6　方案一：运营组织架构

2）各部门职责

（1）其他职能部门及保障中心。分公司目前职能管理部门按照职责分工对线网行使职能管理、监督、服务及问题协调，分公司目前的生产保障中心按照职责分工为生产经营提供必要的物资保障、后勤保障、技术技能保障等，相应的监管范围扩展至全自动线路运营中心。

（2）线网管控中心，负责线网运输策划、应急指挥、跨中心施工管理协调等。

（3）全自动线路运营中心，具体负责西安地铁三期线路15号线、8号线、10号线及其他可能采用全自动运行的线路的综合管理、运营服务、设备维保及监督检查。中心下设职能机构（3个）+生产部门（7个）负责三条线的综合管理和生产运作，各二级部门

具体职责如下:

① 综合管理部:负责中心综合管理、党工团建设、行政管理、人事绩效、培训管理、后勤保障、督察督办等相关工作。

② 生产计划部:负责中心生产管控、规章制度、服务管理、物资采购、目标计划等相关工作。

③ 技术安全部:负责中心安全、技术管控,组织开展安全事件、事故调查分析;负责设备质量管理、特种设备管理、中心应急管控及中心技术管理等相关工作。

④ 机电部:建立完善机电设备、AFC 专业维保的安全、质量管控机制,负责对所辖区域内机电及 AFC 类设备设施的维修管理、备品备件管理和相关规章文本编制等工作。

⑤ 工电部:建立完善工建供电维保的安全、质量管控机制,负责对所辖区域内工电类设备设施故障排除、维修物资供应和相关规章文本编制等工作。

⑥ 通号部:建立完善通信信号维保的安全、质量管控机制,负责对所辖区域内通号类设备设施故障排除、维修物资供应和相关规章文本编制等工作。

⑦ 车辆部:建立完善车辆维保的安全、质量管控机制,负责所辖区域内故障排除、抢修抢险、备品备件、车辆采购。

⑧ 调度部:负责管辖线网的行车指挥、运输策划、应急处置,监控本区域线路的运作情况。

⑨ 客运部:负责线路各车站综合管理、行车组织、客运服务、票务运作、属地管理、车站应急处置、车站多职能队伍的培养和管理等工作。

⑩ 乘务部:负责车场运作管理,以及所辖线路的电客车运作、车场运作、多职能队伍管理、列车应急处置等工作。

3. 方案二

若仅单线路采用全自动运行模式,则该线路组织架构采用项目中心的形式,中心内部采用职能部门(3 个)与生产部门(3 个)相结合的方式,按照直线职能制进行设计。其中,职能部门按照职责分工,分为综合管理、技术安全、生产计划三大模块,行使管理、监督、服务以及问题协调等相关职能;生产部门按照专业的不同,分为调度票务、运营服务、设备保障三大模块,围绕核心生产开展各项工作,各部门、中心职责同方案一,运营组织架构如图 5-7 所示。

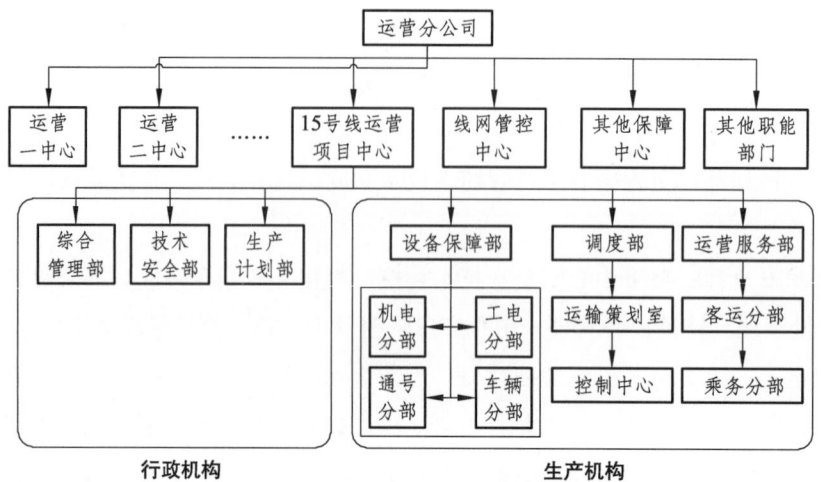

图 5-7　方案二：运营组织架构

4. 方案三

1）总体架构

西安地铁三期线路 15 号线、8 号线、10 号线及其他可能采用全自动运行的线路均由一个 PPP 项目公司统一管理，架构总体采用职能部门（4 个）与生产中心（4 个）相结合的方式。其中职能部门按照职责划分为综合办公室、财务管理部、人力资源部和技术安全部，负责对线网执行职能管理、运营支持及监督检查，生产中心按照线路生产管理分为 8 号线运营中心、10 号线运营中心、15 号线运营中心和线网管控中心，具体负责各条线路运营和线网协调联动管理。组织架构如图 5-8 所示。

2）各部门职责

（1）职能机构。

① 综合办公室：负责公司行政体系、企业战略规划、经营管理、合约招投标、资源开发、党工团建设、监察审计、后勤物资等相关工作管理。

② 财务管理部：负责生产经营所需财务资源配置与控制，保证财务体系的正常运行，进行惠及核算与财务分析，实现企业价值最大化。

③ 人力资源部：统筹人力资源规划、建立健全人才管理体系，构建科学的薪酬策略，开展内部培训管理与服务，提升员工整体素质与职业技能。

④ 技术安全部：负责建立健全安全质量监督体系，落实安全生产、质量监督、安保管理、技术管理、标准建设、新线管理、科技创新等相关工作。

第 5 章 全自动运行的运营管理模式

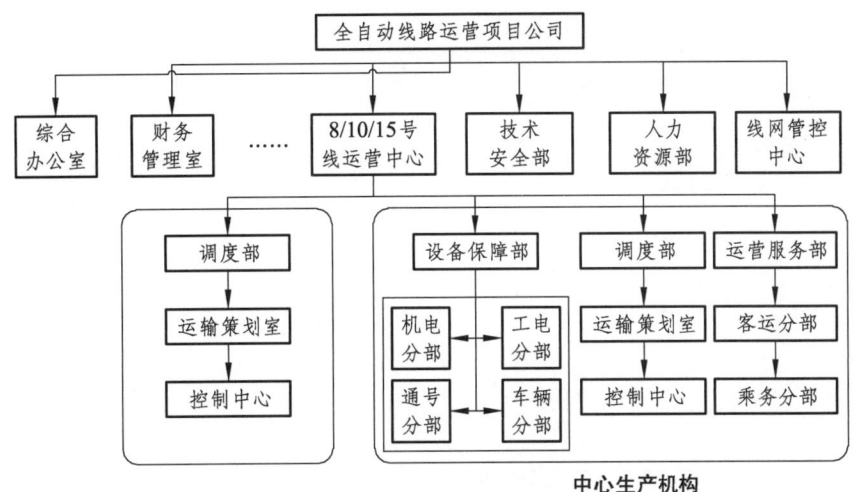

图 5-8　方案三：运营组织架构

（2）生产中心。

① 运营中心：建立健全中心综合管控机制，具体负责西安地铁三期线路 15 号线、8 号线、10 号线的运营服务、设备维保及监督检查。中心内部职能及生产机构职责同方式二。

② 线网管控中心：负责线网应急指挥、运输策划，跨中心施工的管理协调及线网票务管理和清分管理，并对各线路生产运作提供支持和指导。

5. 方案四

1）总体架构

西安地铁三期线路 15 号线、8 号线、10 号线分别由三个 PPP 项目公司单独管理。项目公司总体结构采用职能部门（3 个）与生产部门（3 个）相结合的方式，按照直线职能制进行设计。职能部门按照职责分工，分为综合管理、技术安全、人力培训三大模块，行使管理、监督、服务以及问题协调等相关职能；生产部门按照专业的不同，分为调度票务、运营服务、设备保障三大模块，围绕核心生产开展各项工作。组织架构如图 5-9 所示。

2）各部门职责

（1）职能机构。

① 综合管理部：负责公司行政体系、企业战略规划、经营管理、合约招投标、资源开发、党工团建设、监察审计、财务管理、后勤物资等相关工作管理。

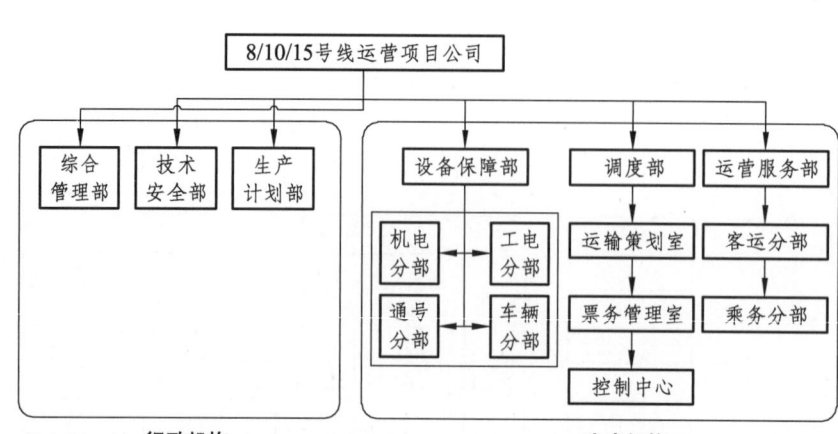

图 5-9　方案四：运营组织架构

② 技术安全部：负责建立健全安全质量监督体系，落实安全生产、质量监督、安保管理、技术管理、标准建设、科技创新等相关工作。

③ 人力培训部：负责公司人力资源规划、薪酬体系管理、内外部人才培训等相关工作管理。

（2）生产机构。

① 调度票务部：负责各线路行车指挥及票务清分管理，下设运输策划室、票务管理室、控制中心。具体负责线路行车施工管理、运行图编制、票务体系建设、清分管理及收益审核等工作。

② 客运服务部：负责各线路车站管理的运作和多职能队伍站控、列控的建设和管理，下设客运分部、乘务分部负责线路各车站综合管理、客运服务、多职能队伍的培养和管理等工作。

③ 设备保障部：设备归口管理部门，负责本线路机电、工电、通号、车辆、AFC 等专业设施设备维护及保障工作；下设机电车间、工电车间、通号车间、车辆车间按照设备模块划分对各自设备进行维修、维护、保障及管理。

5.4　运营岗位设置建议

5.4.1　岗位深度融合

全自动运行系统对人机配置机理的重置为岗位复合创造了条件，由于全自动运行系统的机理变化，设备的密切配合，大大提高了系统安全性，减少了重复性工作，但全自动运行工作界面更为模糊，对运营、维保的人员要求、组织架构及职责划分均提出了更高的要求，更智能、更复杂的集成化将导致更深层次的岗位融合。一是专业技术人员的设置需由单一技能向一专多能转变，以匹配更高的运维专业融合度，从而避免人力资源的闲置和浪费；二是调度人员业务水平得以提高，根据运营需求，将调度功能进行二次分配，新增车辆调度和乘客调度，实现远程服务列车或车站站台乘客等职能，同时增强调度间岗位互换及补位职能；三是司乘人员的角色变化，全自动运行系统可将司机从司机室内解放出来，成立多职能队伍进行巡视，减少了司机人数，管理效率将大幅提高，同时需增加司机对列车日检巡视职能及乘客交互等服务职能；四是站务人员的业务需更加多元，如增加车站内部分设备房的巡检，以及各专业简单故障的快速处理，从而提高故障情况下的响应处置效率。

5.4.2 培养全自动人才队伍

全自动运行系统下，对设备高度依赖，自动化程度增高使运营人员从繁重的劳动中解放出来，人员工作量大大减少，为充分发挥全自动系统的最大优势，需要尽早、尽快地培养高素质运营队伍。在岗位融合、人机交互的背景下，系统功能增多、更为复杂，岗位职责复合的越深、越广，对运营人员的综合素质要求就更高，因此在全自动线路筹备及人员招聘前期需充分考虑高素质人才储备和培养，将运营管理人员的培养和运营管理模式相结合。

5.4.3 增设多职能队伍

全自动运行模式下，需培养列车多职能队伍和车站多职能队伍，除面向乘客服务外，列车多职能队伍的职责需增加故障情况下列车驾驶、列车日检和行车监护，车站多职能队伍的职责需增加施工管理、应急处置、车站设备巡检等多项职能，从而保证全自动运行模式下，乘客交互的安全和顺畅。

对于换乘站多职能队伍的职责，建议由先期建设线路的车站负责，换乘站负责该站多职能队伍的建设和管理及其职能。如表5-1所示。

表 5-1　岗位名称解释表

序号	岗位名称	说明
1	综合技能队员	负责所有运营车站和列车的巡视，并负责列车故障处置、人工驾驶、设施设备一级维修等业务
2	正线调度员	包含行车调度员、环控调度员、电力调度员等
3	段/场调度员	负责列车在车场的调车作业
4	车站工作人员	包含值班站长、站务员等，负责车站管理、乘客管理、客运组织、应急处置等业务
5	检修人员	负责车辆、供电等专业设备的检修、维护运营等工作

第6章 PART SIX

全自动运行系统的运营场景

全自动运行线路的运营管理的核心是运营场景管理，运营场景影响线路土建工程具体设计和机电工程具体功能需求，是运营管理岗位定员和职责确定、维护管理体制确定的依据和基础。全自动运行线路的运营场景应包括正常运营场景、故障运营场景和应急运营场景。

（1）正常运营场景。

正常运营场景主要包括运营前检查及确认、运营前上电、列车唤醒、列车综合自检、列车出库、轧道车运行、列车进入正线服务、列车进站停车、列车站台发车、列车区间运行、折返作业、清客作业、列车退出正线服务、列车回库、自动洗车、列车清扫、列车日检、列车休眠、自动开启车站设备、自动关闭车站设备。

（2）故障运营场景。

故障运营场景主要包括车辆故障、正线列车车门故障、正线列车救援、服务器故障（有备用服务器时）、车载信号设备故障、轨旁信号故障、站台门滑动门故障、站台门与车门间隙夹人夹物、接触网故障、综合监控及车站设备故障、侵限界、区间积水、运营时段抢修施工。

（3）应急运营场景。

应急运营场景主要包括列车加开、列车跳停、列车提前发车、列车站台多停晚发、列车扣车、大客流应对、列车事故、列车火警、客伤事件、列车车厢内乘客异动事件、车站火警、车站失电、列车到站疏散、区间有序疏散、远程引导区间疏散、区间火灾、地震场景、错开车门、紧急呼叫（客室与控制中心调度台通话）、紧急手柄（乘客下拉手柄，中心与乘客对话并处理）、雨雪模式。

6.1 正常模式场景

6.1.1 运营准备

1. 确认并下发当日运行图

每日规定时间，由正线调度员生成当日运行图，下发至各相关系统及岗位。

2. 施工确认注销

当日运营开始前 30 min（时间可修改），正线调度员确认车辆段、停车场、正线轨行区、车站及各设备房内施工均已注销。接触网供电正常，满足当日运营条件。

中央 ATS、段场 ATS、车站 ATS 及相关行车设备、供电设备准备作业前，中央需测试其运行状态是否符合运营要求。

3. 出库派班计划的编制与下发

根据当日列车运行计划，派班室编制场/段出库计划，并发送至相关岗位。

4. 送电

每天早上投入运营前，ISCS 对车辆段/停车场内和正线 1 500 V 高压进行送电操作。

5. 列车唤醒

由系统或人工对休眠的列车实施启动、叫醒作业。

6. 列车综合自检

（1）列车得电后，开始进行车上各设备系统的静态和动态自检及测试。自检及测试的设备系统包括车载信号设备、信号系统车地无线通信设备、TIMS（车辆屏）、电控控制单元及相关控制器、车辆照明、车灯检测、电笛检测、车上 PA（广播系统）、车上空调、客室采暖、车门系统及开关、端部雨刮、车上 PIS、车上 CCTV、车载电台、常用制动、紧急制动、保持制动、制动防滑、制动缓解、牵引、风压、PIS 系统的车地无线通信设备、列车头尾设备转换、其他功能自检。

（2）停在正线停车线和折返线上的列车依据其上线运行方向进行动态测试。

（3）自检测试结果报送到 OCC 行车调度员和检调，自检的故障信息应在行车调度台和车辆调度台上显示和报警。

（4）自检全部通过的列车为唤醒成功的列车，车载控制器（每端一个）将默认设置为 FAM 模式，列车进入上线前的等待工况。OCC 的行车调度工作站上显示列车处于上线待命状态。

（5）列车上线前的等待工况为列车自动关闭照明，并根据季节自动启动采暖预热或空调预冷。

（6）列车将按时刻表在获取移动授权后自动出库投入运营。

（7）对于自检未通过的故障列车，则由检调对所报的故障进行确认，可忽略不影响上线运营的一般性故障而让列车进入 FAM 模式等待上线运行，也可确认列车唤醒失败不允许列车上线。

（8）当确认主用列车唤醒失效后，唤醒失败的主用列车将不上线运营，信号系统应自动采用备用列车替换故障列车的车次号出库运营，调度员也可人工安排已唤醒的备用列车上线运行。

（9）为保证服务质量，在列车出库或出正线停车线/折返线时应达到服务工况的要求，列车的唤醒时间将根据预存的或中心发送的空调/客室采暖设置参数自动开启空调/客室采暖，进行预冷/预热，以便进入正线运营时达到正常的服务环境要求。

（10）人工唤醒列车时，工作人员在预定的时间按规定的程序进入段/场库线或正线停车线/折返线的全自动运行区，使用专门的解锁钥匙上车，上车后通过简易控制台上的操作来完成列车的唤醒，人工唤醒的列车同样自动进入 FAM 模式和上线前的等待工况。

（11）平峰时段回段/场停车列检库或正线停车线/折返线的列车，再投入当天高峰时段的运营时，不需要唤醒，仅在上线前的规定时间内，自动进入等待上线的工况，按时刻表投入正线服务。

7. 自动开站

（1）自动开站作业内容包括开启站内运营照明、开启自动扶梯和电梯的电源、打开出入口的卷帘门、启动车站公共区域的空调/采暖、运转车站通风设备、开站广播、开站 PIS 及头班车显示、打开非运营时段关闭的 CCTV 摄像头、接通站台及站厅广告牌的电源等。

（2）正线所有车站的自动开站可同时进行。自动开站失败或需要时，车站值班员可通过车站综合监控的工作站及 IBP 盘人工开站。

6.1.2　列车出库

列车根据段/场调度输入 ATS 系统的派班计划自动唤醒、自检，自检完毕后自动匹配当日运行图，ATS 系统依据计划自动触发出库进路，列车自动发车。

1. 巡道车出库

巡道车司机登乘列车后，列车根据段/场调度输入 ATS 系统的派班计划开始唤醒、自检，自检完毕后自动匹配当日运行图，在获得段/场调度员确认后发车，司机开始执行巡道作业。

2. 运营列车出库

列车根据段/场调度输入 ATS 系统的派班计划自动唤醒、自检，自检完毕后自动匹配当日运行图，ATS 系统据计划自动触发出库进路，列车自动发车。

6.1.3　列车正线运行

1. 列车正线巡道

全自动运行线路，巡道车司机以手动驾驶模式运行至规定车站后，改为全自动运行模式，列车进入正线运营，或手动驾驶至正线存车线。

2. 列车进入正线

（1）列车由车库进入正线。

在全自动运行的模式下，出场列车由车辆段运行至正线始发站。

完全进入正线第一个载客车站后，出场列车进入正线服务。

（2）列车由存车线、折返线进入正线。

列车在存车线、折返线唤醒并自检成功后，接受到系统服务工况、空车工况然后进入正线服务。

3. 工况转换

（1）列车需投入载客运营，列车工况由"下线"（列车关闭客室内 2/3 照明、保持客室内通风）转换为"正线载客"（列车客室照明全开）。

（2）列车完成载客任务后，需转变为空车状态，列车工况由"正线载客"转换为"下线"。

4. 列车区间运行

列车在全自动运行模式下，处于载客或空车状态，由一站运行至另一站，自动播放列车广播。

5. 列车进站停车

全自动运行模式下的进站停车。

（1）列车进站前，车站自动播放列车到站广播，列车车厢内 PIS、PA 播报列车进站信息。

（2）进站后，列车对位停车，若列车欠停或过冲在系统设定范围内，列车自动调整对位。

（3）对位停车成功后，列车车门和站台门同时开始打开。

（4）若列车车门和/或站台门未打开，站务员使用"再次开关门"按钮，列车车门和站台门重新打开一次。

（5）车站播放出站、换乘等广播。

（6）乘客进行乘车作业。

（7）列车冲标超过规定距离，自动运行至下一站并自动触发越站广播。

6. 列车站台发车

（1）从在站台停稳后开始计时起，停站时间结束时，全自动运行列车从自动站台发车。

（2）若车门或站台门因障碍物探测系统误报，引起门体未关闭且保持常开状态，经站务员确认实际情况后，使用"再次开关门"按钮，列车车门和站台门开关一次。

7. 列车站前折返

（1）在全自动运行模式下，列车经由站前渡线折返并播放站前折返广播。

（2）列车对位停车后，列车车门和站台门同时打开。

（3）列车控制端转换并自动匹配新的运行计划（目的地和发车时间）。

（4）停站过程中，乘客上下车。

（5）停站时间完成后，列车车门和站台门同时开始关闭。

（6）若车门或站台门因障碍物探测系统误报，引起门体未关闭且保持常开状态，经站务员确认实际情况后，使用"再次开关门"按钮，列车车门和站台门开关一次。

（7）根据时刻表触发进路；列车自动发车。

8. 列车站后折返

（1）在全自动运行模式下，列车经由站后渡线折返触发车辆广播清客提醒乘客下车。

（2）在终端站台停稳后，列车车门和站台门同时打开。

（3）车站播放出站、换乘等广播。

（4）停站时间完成后，列车车门和站台门同时开始关闭。

（5）若车门或站台门因障碍物探测系统误报，引起门体未关闭且保持常开状态，经站务员确认实际情况后，使用"再次开关门"按钮，列车车门和站台门开关一次。

（6）信号系统根据折返优先模式选择折返路径，发车条件满足后，列车运行至折返线。

（7）对位停车后，控制端转换并自动匹配新的运行计划（目的地和发车时间）。

（8）根据时刻表触发进路，列车驶离折返线，进站对位停车。

9. 列车清客

（1）列车在终点站前一站发车后，自动广播提示乘客列车将退出运营。

（2）调度员对列车设置或列车按计划到某站清客。

（3）列车到达终点站停稳后，信号系统根据之前正线调度员设置的清客指令或通过运行图自动识别该车为下线（回库）列车触发自动扣车，列车由正线载客工况转到下线工况。

（4）车站执行清客作业。

（5）列车清客完成，车站工作人员上车确认清客完毕，通过操作"再次开关门按钮"后，列车门和站台门同时开始关闭，扣车自动取消。

（6）若车门或站台门因障碍物探测系统误报，引起门体未关闭且保持常开状态，经站务员确认实际情况后，再次使用"再次开关门"按钮，列车车门和站台门开关一次。

（7）列车按新的目的地自动发车进入存车线或回库。

6.1.4 列车回库

1. 列车进入停车库

（1）列车以"下线工况"（列车关闭客室内 2/3 照明、保持客室内通风）在出入段线虚拟站台处匹配回库派班计划。

（2）列车按回库派班计划规定的股道自动运行，在指定股道停车。

（3）列车自动将所有维护信息上传至控制中心和相关维修部门。

（4）清扫人员与日检人员通过登乘平台登车进行作业，作业完成后离开列车客室。

（5）在列车回到停车库到达指定时间后（该时间可满足清扫人员及车内日检人员作业），列车自动进入休眠。

2. 编制确认回库派班计划

（1）车辆检修人员根据当日运行计划、运营调整情况、股道占用情况、维修计划、洗车计划等，通过 ATS 工作站编制回库派班计划。

（2）段/场调度在派班计划审核无误后上传系统，发送给正线调度员、DCC 相关维修部门等岗位。

6.1.5 运营结束

（1）在全天运营结束后，ISCS（综合监控系统）按关站的相关程序实现正线车站的自动关站。

（2）当天的车站运营结束后，ISCS 系统自动启动关站广播，提醒滞留旅客和工作人员车站即将关闭。

（3）经车站值班员确认后，ISCS 系统命令 BAS 系统延时一段时间自动关闭车站，在延时的时间段依然进行自动关站广播和关站的 PIS 信息。

（4）ISCS 系统实现自动关站的作业内容包括调整照明、关闭车站 PIS、关闭车站 PA、关闭商业广告显示屏、调整 CCTV、关闭自动扶梯和电梯的电源、调整车站公共区域的通风系统、调整车站公共区域的空调/采暖设备、关闭隧道区间的通风系统、关闭出入口的自动卷帘门。

（5）在末班车到达车站前，车站的 PA 应自动提前告知旅客末班车的发车时间，广播范围覆盖站台、站厅和车站的出入口通道。

（6）末班车离开后，车站 PA 应反复播送当天运营结束的预录制广播，提醒旅客不要进站或已进站的旅客离开车站，随后在规定的时间逐个关闭车站。

（7）自动关闭车站失败或需要时，车站值班员可通过车控室的 ISCS 的工作站及 IBP

盘的按钮人工关闭车站。

（8）OCC在确认全天的列车运营服务结束后，ISCS系统自动关闭全线的牵引供电电源。

6.1.6 列车调车及其他场段作业

1. 工作人员车场正常登乘列车

工作人员根据任务需要登乘列车前，先到车场运转派班室登记作业内容，跟车巡道人员、车辆检修人员、列车清扫人员等工作人员在获得段/场调度允许后入全自动运行区，从登乘平台由指定车门登乘列车。

2. 工作人员车场非正常登乘列车

（1）列车在车场咽喉区等非正常停车区域故障迫停，如不影响其他列车出入库，则先隔离故障区段，执行其他列车出库作业，待其他列车出入库完毕后实施抢修作业。如影响其他列车，则停止影响范围内所有列车出库作业，确认所有列车（包括故障迫停列车）静止且不会自动发车后，向段/场调度申请进入全自动运行区对故障迫停列车进行抢修。

（2）段/场调度授权检修人员进入全自动运行区，如列车迫停区域为工作人员防护开关控制范围，则应先触发该区域工作人员防护开关；按规定路线登乘故障列车并排除故障。

3. 场内作业（具备自动调车功能）

根据调车计划，列车按原驾驶模式驶入指定目的地，或在"非全自动运行区-全自动运行区转换"区域转换驾驶模式后，驶入指定目的地。

（1）非全自动运行区内调车。

段/场调度根据列车使用情况，编制场内调车计划。

段/场调度手动排列进路，综合技能队员按照调车计划人工驾驶列车驶入指定目的地。

（2）全自动运行区调车。

段/场调度根据列车使用情况，编制场内调车计划。

段/场调度根据场内调车计划为列车分配目的地码。

段/场调度手动/系统自动排列进路，分配列车移动授权，列车以全自动运行模式驶入指定目的地。

（3）全自动运行区至非全自动运行区调车。

段/场调度根据列车使用情况，编制场内调车计划。

段/场调度根据场内调车计划为列车分配相关路径的目的地码。

段/场调度手动/系统自动排列进路，分配列车移动授权，列车以全自动运行模式驶入"非全自动运行区-全自动运行区转换"区域。

综合技能队员在通过车辆外侧指示灯确认列车处于全自动运行模式且不具备移动授权后，通过登乘平台登乘门、列车乘务门进入列车内。

综合技能队员将列车从全自动运行模式切换至非全自动运行模式。

段/场调度手动排列进路，综合技能队员按照调车计划人工驾驶列车驶入非全自动运行区指定目的地。

（4）全自动运行区至非全自动运行区调车。

段/场调度根据列车使用情况，编制场内调车计划。

段/场调度手动排列进路，综合技能队员按照调车计划人工驾驶列车驶入"非全自动运行区-全自动运行区转换"区域。

综合技能队员将列车从非全自动运行模式切换至全自动运行模式。

综合技能队员通过列车乘务门、登乘平台登乘门离开列车后，告知段/场调度。

段/场调度根据场内调车计划为列车分配目的地码。

段/场调度手动/自动排列进路，分配移动授权，列车以全自动运行模式驶入全自动运行区指定目的地。

4. 列车出入检修库

（1）列车以"回检修库"工况离开终点站停至停车场内"非全自动运行区-全自动运行区转换"区域，综合技能队员在转换区域登车，以人工驾驶模式驾驶列车进入检修库。检修完成后，综合技能队员人工驾驶列车至转换区域后下车，列车自动驶入停车库指定股道。

（2）基本流程。

段/场调度确认检修库库门处于打开状态。

列车转换至"下线工况"（列车关闭客室内 2/3 照明、保持客室内通风）。

列车根据目的地停至停车场内"非全自动运行区-全自动运行区转换"区域。

综合技能队员在转换区域登车，列车运行模式转换为人工驾驶模式。

人工驾驶列车进入检修库。

检修完成且列车自检成功后，综合技能队员人工驾驶列车至"全自动运行区-非全自动运行区转换"区域，在转换自动驾驶模式后下车，列车运行模式转换为全自动运行模式，自动驶入指定股道，由段/场调度执行人工远程休眠。

5. 列车洗车作业

（1）列车以"下线工况"根据回库计划中的洗车安排，自动运行至洗车库前，进行自动洗车。洗车结束后，按照调车计划，列车运行至指定停车库股道。

（2）基本流程。

段/场调度编制回库计划含洗车计划。

段/场调度远程开启洗车机并设置洗车模式。

列车按照回库计划或段/场调度手动分配列车目的地码运行至洗车库前停车。

信号系统确认洗车机正常开启后，列车进行自动洗车作业。

洗车作业结束后，洗车机停止运行，进入规定模式，列车按照调车计划或段/场调度手动安排列车目的地码运行至停车库。

6. 列车日检

（1）在列车回库前，检修人员通过"车辆远程告警监控系统"查阅列车状态信息，做好列车回库前准备。在列车回库后，检修人员进行车内及车外的日检工作。

（2）基本流程。

① 车内日检。

在列车回到停车库后，检修人员向车场工作人员申请办理日检施工手续。

车场工作人员将全自动运行区门禁卡、列车乘务门钥匙、无线手持台交与检修人员，便于与段/场调度联系，借用时需进行测试，确保无线手持台工作正常。

检修人员在运转派班室登记后，通过安全通道刷门禁卡进入相应的防护区域。

检修人员到达登乘平台，通过车辆外侧指示灯确认列车是否处于动车后，通过登乘平台登乘门、列车乘务门进入车厢内进行车内日检工作。

车内日检工作完成后，检修人员离开车厢，关闭列车乘务门与登乘平台登乘门。

日检结束后，检修人员负责工完场清，确认安全措施已撤除，所有检修人员均已撤出全自动运行区，具备正常行车条件后方可办理日检注销，归还借用物品。经车场工作人员同意后，检修人员方可离开。

② 车外日检。

段/场调度需确认每个防护分区内回库列车的休眠情况，当一个防护分区的所有列车均入库休眠，段/场调度方可同意办理日检施工。

检修人员向车场工作人员申请办理日检施工手续。

车场工作人员将施工区域工作人员防护开关箱钥匙、全自动运行区门禁卡、列车乘务门钥匙、无线手持台交与检修人员，便于与段/场调度联系，借用时需进行测试，确保无线手持台工作正常。

检修人员在运转派班室登记后，通过安全通道刷门禁卡进入相应的防护区域。

检修人员进入全自动运行区后，应首先启用工作人员防护开关，并与车场工作人员确认工作人员防护开关在启用状态后，方可实施日检作业。

车外日检作业结束后，检修人员应将启用的工作人员防护开关进行恢复操作，并与车场工作人员确认工作人员防护开关为恢复状态。

日检结束后，检修人员负责工完场清，确认安全措施已撤除，所有检修人员均已撤出全自动运行区，具备正常行车条件后方可办理日检注销，经车场工作人员同意后，检修人员方可离开。

7. 段/场内自动/人工广播

段/场广播根据列车状态、实时位置自/手动播放预录广播内容或人工语音播报，告知生产区域内作业施工人员列车出入库信息。

（1）自动广播。

开始运营时，首列车出库前，根据列车状态、实时位置自动播放预录广播内容。

早、晚高峰首列车出库、回库前，根据列车状态、实时位置自动播放预录广播内容。

结束运营时，首列车回库前，根据列车状态、实时位置自动播放预录广播内容。

（2）人工广播。

人工播放预录广播内容。

语音播报。

（3）若自动广播未能自动播放，则由段/场工作人员人工播放预录广播内容或人工语音播报。

6.1.7　全自动运行区施工

针对全自动运行中全自动运行区域施工登记、实施以及注销的流程予以描述，确保全自动运行区域施工安全及效率，防止全自动运行区内人车冲突的风险产生。

6.2　故障场景

6.2.1　运营调整

1. 工作人员登乘迫停区间列车

（1）当全自动运行列车因信号、车辆等设备故障迫停区间无法运行时，正线调度员需安排车站综合技能队员进入区间登乘迫停列车。

（2）基本流程。

综合技能队员携带钥匙、手持对讲机及其他驾驶列车工具与车站工作人员至站台端头门处打开站台端门，触发工作人员防护开关，打开设备区下轨行区隔离门至迫停列车处登乘列车。

车站工作人员通过对讲机获悉综合技能队员已登乘列车，恢复工作人员防护开关，迫停列车以有人驾驶模式运行。

2. 列车以有人模式运行

（1）正线调度员因设备故障、实操训练需要安排车站综合技能队员登乘列车后，列车以有人驾驶模式（ATO/ATP/联锁级/电话闭塞法）运行。

（2）综合技能队员登车后对司机室与客室进行隔断，操纵司控台设备（开关车门等）实施有人驾驶，凭车载信号/线路信号/车站手信号行车。

3. 列车限速及自动调整运行速度

（1）行调在行车调整中，通过 ATS 操作实现某列车限速、X 站至 X 站的区段限速、全线限速功能。限速值可以是系统预设值或人为操作设定值。

（2）列车在比照《运营时刻表》早/晚点的情况下，自动调整本列车运行速度来匹配时刻表时间。

4. 非 ATP 控制列车运行

因设备故障或施工检修需要，开行非 ATP 控制列车。非 ATP 控制列车即切除 ATP 的列车或无 ATP 车载设备列车。行调安排就近综合技能队员登乘非 ATP 控制列车，通过 ATS 工作站人工办理进路，综合技能队员以非 ATP 模式按信号机显示人工驾驶列车运行。

6.2.2 正线列车故障

1. 车辆故障

（1）列车异声、异味、冲动、弓网打火等异常信息由车厢乘客紧急呼叫设施、乘客服务热线、车站工作人员上报等途径传递至 OCC 调度员。列车故障信息由 ATS、综合监控系统等设备监控终端上传至正线调度员。

（2）正线调度员通过 ATS、综合监控等设备终端，查看故障信息，其中车门总体状况、列车状态（如制动、牵引）在 ATS 终端显示，确认列车故障状态及列车位置，车站工作人员通过 ATS 确认列车位置。

（3）如遇上列车空调、照明、PIS 等非安全设备故障，则正线调度员对故障设备进行远程重启，安排综合技能队员上车确认。

（4）如遇上列车辅助逆变器、高速开关故障，正线调度员可以远程重启列车辅助逆变器、远程分合列车高速开关。

（5）如乘客反映，列车空调温度过高或过低，正线调度员可以远程设置车厢空调温度。

（6）如列车出现异声、异味、冲动、弓网打火或其他车辆设备故障，可以安排综合技能队员上车后按照有人驾驶模式处理此类故障。

若故障可使列车限速行驶至就近车站，正线调度员可以安排综合技能队员在车站上车，进行人工处理。

若列车迫停站台区域（对位不准）时，正线调度员可以安排综合技能队员打开站台门应急门和列车乘务门进入列车处置。

若故障使列车迫停区间，正线调度员可以安排综合技能队员从区间疏散平台进入区间登乘故障列车，尝试人工驾驶恢复列车运行。

若综合技能队员登乘故障列车进行应急处理后依旧无法动车，可安排进行救援连挂作业。

2. 正线列车车门故障

（1）若单扇、多扇及整侧无法正常关闭或打开的车门出现故障，列车紧急拉手应人为激活或故障激活列车紧急拉手装置。车门故障通过综合监控系统自动传送至 OCC 设备终端，正线调度员确认车门状况后对列车进行扣车作业。若在区间内发生车门故障、车门状态丢失、紧急拉手动作，列车维持运行至前方车站。

（2）基本流程。

紧急拉手被激活或故障激活，该车门紧急拉手附近的车厢通话器与 OCC 对讲被激活，该紧急拉手附近的 CCTV 联动，OCC 的 CCTV 自动切换至相应画面，确认现场情况。列车到站后综合技能队员上车恢复紧急拉手或处置故障。

若车门故障为个别车门、多扇车门、1/2 车门、整侧车门无法正常关闭或打开，正线调度员则尝试远程"再次开关门"功能以关闭车门。如仍无法正常关闭，综合技能队员从应急处置室前往现场进行处置，如多车门故障且处理无效，则通知正线调度员进行清客及后续处置。

3. 正线列车救援

（1）因严重故障失去动力停在区间无法移动时，列车应采用救援列车牵引或推送故障列车实施救援。

（2）站台、区间列车救援时，救援列车有人，则采用人工连挂和自动摘钩的方式救援；救援列车无人，则采用自动连挂和自动摘钩的方式救援。救援列车可采用推送故障列车，也可采用牵引故障列车的方式对故障列车实施救援。无论人工连挂还是自动连挂，列车的联挂撞击速度不大于 3 km/h。区间列车救援时，ISCS 系统组织区间阻塞状态下的通风。

（3）到达目的地后，综合技能队员或相关人员按压自动摘钩按钮，列车自行进行后退，列车后退 5 m 后停车（可设）。当系统无法自动摘钩时，由行车调度安排就近车站综合技能队员或场调安排综合技能队员前去现场人工解钩。

4. 列车无牵引

（1）当列车因单节或者全列牵引系统故障停在区间或者站台，牵引故障通过综合监控系统或者 ATS 自动传送至 OCC 终端、OCC 设备终端和检修调度设备终端，检修调度员确认故障状况后远程对列车牵引系统进行复位操作。

（2）基本流程。

列车无牵引时，司机室的各指示灯显示状态传送至 OCC 设备终端和检修调度设备终端，首先信号专业通过远程操作尝试牵引检查信号原因，将列车牵引至站台清客后退出服务。如果区间无法动车，检修调度员远程复位牵引控制系统和高速断路器，如果仍无法动车则安排综合技能队员在区间登车检查制动、车门和司机室各指示灯、空气断路器状态，尝试牵引动车运行至就近车站清客退出服务。如果故障未恢复，单车牵引故障远程切除故障单元运行至终点退出服务，全列车牵引故障进行换端操作运行至就近站台清客退出服务。

5. 列车受电弓降下

（1）当列车因单个或者两个受电弓降下故障停在区间或者站台，受电弓故障通过综合监控系统或者 ATS 自动传送至 OCC 设备终端和检修调度设备终端，检修调度员确认故障状况后远程对列车受电弓系统升弓控制系统进行复位操作。

（2）基本流程。

列车受电弓落下，司机室的受电弓显示状态传送至 OCC 设备终端和检修调度设备终端，检修调度员对升弓控制系统进行复位操作，如果失效尝试换端升弓。如果能升起一个，运行至终点退出服务，两台都不能升起则列车救援。

6. 列车制动不缓解

（1）当列车因制动不缓解故障停在区间或者站台，制动故障通过综合监控系统或者 ATS 自动传送至 OCC 设备终端和检修调度设备终端，检修调度员确认故障状况后远程对列车制动控制系统进行复位操作。

（2）基本流程。

列车制动故障综合监控系统或者 ATS 自动传送至 OCC 设备终端和检修调度设备终端。首先信号专业排除系统故障原因，尝试将列车运行至站台清客后退出服务。如果列车在区间无法缓解，安排综合技能队员在区间登车将信号进行降级操作，降级为车辆模式。信号系统降级运行后尝试缓解，如果不缓解，实施零速短路、紧急制动短路等措施进行缓解。如果能够缓解，就近车站清客后退出服务；如不能缓解则实施救援。单车制动不缓解，则实施强制缓解，终点站退出服务。

6.2.3 信号故障

1. 中央信号故障

（1）服务器故障（有备用服务器时）。

控制中心信号服务器故障的处理场景：中央信号服务器故障发生后，正线调度员通过信号维护监测子系统确认故障信息后报检修人员，信号服务器自动切换至备用控制中心信号服务器。若所有服务器同时故障，正线调度员通知全线采用站控降级方式有人驾驶模式行车，直至抢修完成。

（2）ATS 工作站故障（有备用服务器时）。

主用控制中心、备用控制中心 ATS 工作站故障的处理场景：控制中心中央 ATS 工作站全部发生故障后，正线调度员通过信号维护监测子系统确认故障信息后报检修人员。如短期内故障不能修复，将信号服务器切换至备用服务器，进行简单的前期处置。

2. 车载信号设备故障

（1）车载信号设备故障。

列车车载信号设备故障发生时，正线调度员通过中央 ATS 工作站和信号维护监测子系统确认列车车载信号设备故障原因。若故障为列车车载信号设备故障，则正线调度员确认列车已停车后远程重启故障列车车载控制器。

故障列车车载控制器重启后故障消失，则列车以相应模式模式寻找定位后恢复全自动运行模式，运行至前方车站。若故障列车车载信号系统重启后故障仍然存在，则综合技能队员进入区间登乘迫停列车，本地重启列车车载控制器或降级至有人驾驶模式运行该列车，正线调度员安排故障列车退出正线运营。

（2）停站列车无法开关门。

列车停站后一侧车门/站台门无法开关，或车门、站台门不联动。列车车门、站台门故障发生后，正线调度员通过车站工作人员、CCTV、综合监控系统、信号维护监测子系统、站台门在线监测设备终端确认故障情况后报检修人员，正线调度员通知车站工作人员、综合技能队员前往现场手动开关列车车门、站台门直至故障修复。

（3）车载信号与车辆通信接口故障。

车载信号与车辆通信接口故障时，正线调度员通过综合监控系统和信号维护监测子系统确认列车发生车载信号与车辆通信接口故障。确认列车车辆及车载信号系统均正常，通过 ATS 工作站设置故障列车以蠕动模式运行进站，并通过车载 CCTV、站台 CCTV 确认列车运行、停站情况。若列车蠕动模式进站对位不准，正线调度员安排综合技能队员通过站台门应急门和列车乘务门进入故障列车，降级至有人驾驶模式手动对位。若综合技能队员上车后故障仍无法恢复，正线调度员安排该列车退出运营。

（4）列车位置信息丢失。

在车地通信正常情况下，列车连续丢失两个应答器失去定位时可通过远程指令启动相应模式（如蠕动模式），限制列车以 25 km/h 速度运行一定距离（可根据现场情况确定）直至再次获得定位。全自动运行模式下，即便轨旁某一应答器故障或列车丢失单个应答器也不得影响列车的正常运行。

（5）车载通信故障。

正线调度员通过中央 ATS 工作站和信号维护监测子系统确认列车车-地通信故障原因，确认列车已停车后远程重启故障列车车地通信单元。若重启后故障消失，则列车以相应模式动车驾驶模式升级后恢复全自动运行模式，运行至前方车站。若重启后故障仍然存在，则综合技能队员进入区间登乘迫停列车，降级至有人驾驶模式运行该列车，正线调度员安排故障列车退出正线运营。

3. 轨旁信号故障

（1）计轴受扰。

计轴受扰发生后，正线调度员通过 ATS 工作站和信号维护监测子系统确认故障后报检修人员。

若计轴受扰不影响列车正常运行，正线调度员监控该区段状态，扣停故障点后续列车，待列车出清受扰区段后进行车控室计轴预复位和清扫工作。

若计轴受扰影响列车正常运行，受扰区段列车迫停区间，正线调度员安排综合技能队员登乘区间迫停列车，正线调度员立即截停受扰区段后续相邻区段的所有列车（或系统自动实现行车间隔调整功能），核对计轴受扰区段。

迫停列车以人工驾驶模式驶离故障区段后，正线调度员与车站工作人员确认计轴受扰区段无列车占用。

正线调度员命令车站值班员预复位处理计轴受扰，在车控室预复位功能不具备使用条件的情况下采用 OCC 预复位功能进行计轴预复位操作。在车控室预复位、OCC 预复位功能均不具备使用条件的情况下使用信号机房预复位功能进行计轴预复位操作。

预复位作业完毕后，正线调度员安排列车压过受扰区段进行恢复。

预复位成功，计轴受扰区段恢复正常，正线调度员安排后续列车恢复正常运行。

（2）轨旁设备故障。

列车在全自动运行模式下轨旁设备故障不影响列车全自动运行或轨旁设备故障引起列车迫停区间。

正线调度员通过大屏或 ATS 工作站和信号维护监测子系统发现轨旁设备故障，报检修人员。

如列车全自动运行没有影响，则待检修人员到达设备机房或故障现场后配合其处置故障。

若列车全自动运行有影响，则相应区间降级至人工驾驶模式。

若造成全自动运行列车迫停区间，综合技能队员登乘该列车降级至有人驾驶模式运行至前方车站。

（3）道岔故障。

正线调度员通过中央 ATS 工作站和信号维护监测子系统发现道岔故障后，正线调度员遥控测试确认道岔故障。

故障确认后，正线调度员立即扣停道岔故障区段及后续相邻区段的所有列车，将故障报修至检修人员。

检修人员前往故障道岔进行抢修，期间控制中心视情况安排车站工作人员携带好相关工具触发工作人员防护开关后，从疏散平台进入区间前往现场故障道岔处手摇道岔，人工接发列车。

控制中心安排综合技能队员在故障区段前方车站登车将列车切换至人工驾驶模式行驶至故障区段后方车站后恢复正常模式运行。

抢修完毕后人员出清轨行区，恢复工作人员防护开关，正线调度员恢复列车全自动运行。

（4）工作人员防护开关激活。

工作人员防护开关故障激活后，车站工作人员通过 ATS 系统发现工作人员防护开关处于激活状态，若为防护开关故障导致处于激活状态，正线调度员安排检修人员进行检修。若为对于因工作人员防护开关故障激活而导致迫停列车，正线调度员安排综合技能队员进入区间登乘迫停列车，列车运行至零码处以手动模式运行通过工作人员防护开关故障区段，到达下一站后，转回全自动运行。对于其他后续列车，正线调度员安排综合技能队员于故障区域前一站登乘，列车运行至零码处以手动模式运行通过工作人员防护开关故障区段，到达下一站后，转回全自动运行。

（5）轨旁通信故障。

轨旁车地通信故障影响故障区域内列车正常运行，故障区域内列车迫停区间，正线调度员安排综合技能队员登乘区间迫停列车，降级至有人驾驶模式运行该列车驶出故障区域后恢复全自动运行模式；正线调度员截停故障区域后续相邻区段的所有列车（或系统自动实现行车间隔调整功能），所有列车均安排综合技能队员在故障区域前一车站登乘，以有人驾驶模式运行列车驶出故障区域后恢复原状。

6.2.4　站台门系统故障

1. 站台门滑动门故障

（1）车站工作人员或正线调度员通过站台门在线监测系统或站台闭路监视发现并确认站台门故障。

（2）若车站工作人员发现故障处置无效将信息上报正线调度员，正线调度员确认现场情况后通过故障报修平台，及时通知专业检修人员赶到站台门故障车站进行抢修。

（3）故障未恢复前，若首列车迫停在站外，经车站工作人员确认具备接车条件后，正线调度员可优先向车站发布使用互锁解除的命令，安排列车进站。

（4）当有站台门无法正常开启或关闭时，经车站确认无夹人夹物且无法排除故障后，通知车站将故障站台门打至手动关，不影响信号行车，待专业处理。

（5）若车站工作人员无法将故障站台门（机械卡死等）关闭，正线调度员通知车站工作人员将故障站台门打至手动关，并加强监护。

（6）当发生站台门主控系统或电源故障时，正线调度员通知维修人员关闭故障侧站台门电源开关，待车站将故障侧站台门电源关闭后，视情逐步打开站台门，以互锁解除方式接发列车，同时正线调度员通知综合技能队员将进站列车转换为手动（人工）驾驶模式进出车站（在故障车站的前一站停站后综合技能队员登车改 ATP 手动模式运行出站，进入故障车站的后一站停站后恢复全自动运行模式运行），车站派工作人员将站台门运行模式切换至站台 PSL 控制模式接发列车至故障修复。

（7）当应急门故障且影响列车速度码，车站隔离故障应急门（不影响其他滑动门动作），使列车恢复速度码，并加强监护。

（8）当站台门滑动门或固定门玻璃碎裂时，正线调度员应令车站及时将此门打旁路运行并清理碎裂玻璃，防止玻璃跌入轨行区；在玻璃碎裂的位置上张贴警示标志或设置安全带，加强该处的监控，并泄压。

2. 站台门与车门间隙夹人夹物

（1）如车站工作人员或其他监控人员发现站台门夹人夹物或车门与站台门之间夹人夹物，立即按压"站台紧急停车"按钮，该按钮触发后车门与站台门保持打开。车站工作人员将发生夹人夹物情况的站台门门体号与车厢车门号汇报正线调度员。

（2）正线调度员接到车站工作人员夹人夹物的汇报或通过站台门在线监测系统发现站台门与车门间隙探测器报警后，通过 ATS 工作站对相应列车扣车，同时通知车站工作人员执行站台再次开关门操作进行处理，若为车门夹人夹物，应通过综合监控系统设备终端将故障车门具体位置告知车站工作人员。

（3）车站工作人员接正线调度员的命令对站台门进行处置。原则上优先激活使用站台再次开关门按钮再次开关车门及站台门，若处理无效站务员至异常站台门处进行手动处理，正线调度员通过站台 CCTV 监控现场情况。

（4）作业完毕后，正线调度员在得到车站工作人员处理完毕，具备动车条件（无夹人夹物，ESP 已复位）的回复后，通过 ATS 工作站取消相关列车的扣车，安排列车关门动车。

6.2.5 供电故障

（1）当列车在全自动运行模式下正常运行时，一个及以上供电分区的接触网跳闸、停电，致使列车迫停区间；弓网设备发生故障，影响列车正常运行甚至中断列车运行。

（2）正线调度员确认列车失去牵引，查看列车弓网监测的数据，通过 SCADA 确认直流开关跳闸、接触网失电，及时扣停其他相关列车，防止列车进入触网失电区段，做好运营调整工作。

（3）全自动运行（无人驾驶）情况下，须在列车顶安装弓网监测装置（包含几何参数检测、弓网燃弧检测、设备温度检测、高清成像检测技术、故障点定位、数据及图像实时传输等技术功能）。提高弓网运行的安全性和全自动运行的可靠性。当随机弓网故障发生时，能通过弓网监测装置对受电弓及接触网状态进行查看和确认，及时确认设备能否继续运行或有针对性采取故障应对措施，以及为后续进行分析提供现场资料。

（4）正线调度员操作中央级 SCADA 对故障区段接触网试送电，试送电前通过 CCTV 确认受电弓状态，若试送失败，正线调度员封锁故障区段，通知相关车站列车晚点，安排供电检修人员进入区间对牵引电力系统进行抢修。正线调度员安排综合技能队员进入区间登乘迫停列车，利用列车蓄电池牵引功能将迫停列车人工驾驶至站台进行疏散，若列车蓄电池牵引无效或行驶一段距离后仍然迫停在区间中，则对迫停列车进行客流疏散。

（5）故障设备修复后，供电检修人员对接触网进行试送，车站确认进入区间的检修人员已全部离开，且人清材料清，各相关岗位确认恢复运营。

6.2.6 综合监控及车站设备故障

1. 车站运营准备失败

（1）车站工作人员对车站设备各系统进行运营前测试开启，但某一系统开启失败。

（2）测试的设备系统包括 BAS、FAS、AFC、PIS、PA、CCTV、专用无线、站台门、卷帘门、电梯、扶梯、照明等。

（3）车站工作人员发现综合监控系统显示某一设施设备未能按系统时刻表自动开启或关闭，立刻对故障设施设备，在车站级综合监控系统工作站上进行操作开启。若开启成功，车站工作人员查看该设施设备反馈信号情况。若开启不成功，车站工作人员对故障设施设备进行就地级操作开启，并报正线调度员。

2. 中心运营准备失败

（1）正线调度员对车站设备各系统进行运营前检查，但某一系统显示异常或通信中断。

（2）测试的设备系统包括全线 PSD、电力、环控、OPS（CCTV、电力和 ATS）、正线列车进站广播、车站及列车信息通信（若车辆信息后期接入综合监控系统）。

（3）正线调度员发现综合监控系统显示异常或通信中断，立刻联系相应车站，确认车站显示是否存在通信异常，若无异常则要求车站工作人员在车站级综合监控系统工作站上进行操作开启。开启成功后，车站工作人员查看该设施设备反馈信号情况。若车站也显示异常无法开启，车站工作人员将信息及时反馈给正线调度员，并征得同意后对故障设施设备进行就地操作开启。

6.2.7　线路故障

1. 侵限界

当列车在全自动运行模式下正常运营时，异物侵限界。

（1）周期性的巡道过程中，发现区间异物。

了解区间情况，勘察异物形态。

正线调度员安排相关检修人员进入区间清除异物。

（2）根据实际勘察情况安排相关设备检修人员进入区间排除异物，若侵异物撞击列车触发紧急制动，由乘客或工作人员发现异物。

列车制动迫停区间。

正线调度员了解区间情况，扣停后续列车并封锁撞击区间。

正线调度员安排综合技能队员进入区间巡视，查看异物形态情况。

安排相关情况安排相关设备检修人员进入区间排除异物，若清障时间较长，正线调度员组织清客。

异物清除后，及时恢复列车运营。

（3）正线调度员通过车辆远程告警监控系统设备终端发现障碍物主动探测装置报警，确认区间异物。

列车制动迫停区间。

正线调度员了解区间情况，扣停后续列车并封锁区间。

正线调度员安排综合技能队员进入区间巡视，确认异物侵限情况。

视情况安排相关设备检修人员进入区间排除异物，若清障时间较长，正线调度员组织清客。

异物清除后，及时恢复列车运营。

2. 区间积水

正常运营期间，泵房水位报警，CCTV 自切至区间水泵区段发现水位不断攀升。正线调度员或车站工作人员通过 BAS 系统或综合监控系统发现水位报警,在操作界面上查看区间水泵工作情况。

(1) 区间有积水。

车站值班员及时上报正线调度员区间积水。

正线调度员安排综合技能队员登乘积水区间后续列车查看积水原因。

正线调度员安排设备检修人员进入积水区间进行处理。

若区间积水影响运营,则后续列车应限速运行。

待积水情况缓解后,正线调度员下令恢复列车正常运行。

(2) 区间无积水。

车站值班员通过 CCTV,加强对积水区段的监控。

车站值班员通过综合监控系统,加强对区间泵的工作情况监视。

3. 轨道断轨

(1) 当列车在全自动运行模式下正常运行时,安装于地铁运营车底部的车载检测装置检测到轨道断轨故障,将故障信息反馈至在线监测数据处理中心,工作人员或正线调度员通过在线监测系统监视发现钢轨出现断轨故障报警信息。

(2) 正线调度员通过显示屏实时识别断轨图像,安排综合技能队员在相应车站登车将列车切换至人工驾驶模式,同时报抢修人员。

(3) 抢修人员对人工驾驶模式列车进行添乘,必要时要求正线调度员在故障点前限速行驶通过或临时停车进入区间确认故障。

(4) 抢修人员确认是否需要进行临时处置且是否影响后续列车全自动运行。

若断轨故障需进入区间临时处置,且影响后续相邻区段列车全自动运行,后续列车在该故障区间降级至人工驾驶模式,必要时临时停车。

若断轨故障利用列车间隔可临时处置,则不影响后续列车全自动运行。

(5) 抢修完毕后人员出清轨行区,控制中心安排综合技能队员在故障区段前方车站登车将列车切换至人工驾驶模式行驶至故障修复区段后方车站后,正线调度员恢复列车全自动运行。

6.2.8 运营时段抢修施工

（1）针对全自动运行线路中运营时段，轨行区设施设备进行抢修施工登记、实施以及注销的流程，确保抢修施工安全及效率，防止人车冲突的风险产生。

（2）基本流程。

正线调度向故障设备所属单位发布抢修令。

正线调度根据设备故障实际情况判断是否维持现场运营，如维持运营则布置抢修施工所在区段降级为有人驾驶模式。如抢修施工必须中断运营，则正线调度封锁故障所在区段，扣停相关列车。

设施设备管理单位布置抢修人员赶赴现场，明确抢修负责人，办理施工登记手续，触发施工区域的工作人员防护开关后下线作业。

抢修人员下线施工，正线调度开展运营调整。

抢修施工完毕后，如下线前触发施工区域的工作人员防护开关，抢修人员确认所有人员及工具出清线路后，恢复该开关。

正线调度恢复运营，如故障区段有人驾驶模式转换为全自动运行模式。

6.2.9 通信系统故障

1. 中央设备故障（有主备控制中心）

（1）传输系统故障。

控制中心传输设备故障的处理场景。中央传输设备节点通信故障、节点供电故障后，切换至备用控制中心，并由维修调度通知相关专业，然后由备用控制中心接管。若无法切换至备用控制中心或主备控制中心传输设备同时发生故障，维修调度通知相关专业（通信交换、无线、广播、PIS、CCTV、时钟、UPS、综合网管、AFC、杂散电流、综合监控、计算机网络、AFC、视频会议等）。控制中心相关系统无法与车站进行信息交互时，控制中心人员与车站站务人员通过民用通信进行联络，相关系统采用降级运行，建议车站安排相关人员跟车了解车辆运行情况及乘客需求，并按照相关应急办法进行处置；同时通知维修人员按照相关办法进行故障抢修，直至抢修完成。

（2）专用无线通信设备故障。

控制中心专用无线通信设备（MSO）故障的处理场景。中央专用无线通信设备故障后,切换至备用控制中心,并由维修调度通知调度,由备用控制中心接管。若无法切换至备用控制中心或主备控制中心专用无线通信设备同时发生故障,各专业采用民用通信/专用有线电话进行联络,建议车站安排相关人员跟车了解车辆在本站车地无线覆盖范围内的乘客需求,直至抢修完成。

(3)乘客信息系统。

① 控制中心乘客信息系统服务器等有线设备故障场景。控制中心乘客信息系统服务器等有线设备故障时,中央无法下发信息指令(包括紧急信息),由调度人员通知车站,如遇紧急情况,做好信息上报及现场处置,直至抢修完成。

② 控制中心乘客信息系统无线控制器等无线控制设备故障场景。控制中心乘客信息系统无线控制器等无线设备故障时,中央无法调看车厢实时图像,由调度人员通知车站,安排车站人员跟车了解车辆运行情况,如遇紧急情况,做好信息上报及现场处置,直至抢修完成。

2. 车站设备故障

(1)传输系统故障(单站或多个车站开环情况)。

车站传输设备故障的处理场景。车站传输设备节点通信故障、节点供电故障后,维修调度通知相关专业(通信交换、无线、广播、PIS、CCTV、时钟、UPS、综合网管、AFC、杂散电流、综合监控、计算机网络、AFC、视频会议等)。本车站与中心相关系统无法与控制中心进行信息交互时,控制中心人员与该车站站务人员通过民用通信(单站故障时,可采用站间行车电话)进行联络,该车站相关系统采用降级运行,建议车站安排相关人员跟车了解车辆在本站车地无线覆盖范围内的运行情况;同时通知维修人员按照相关办法进行故障抢修,直至抢修完成。

(2)专用无线通信设备故障。

车站专用无线通信设备故障的处理场景。车站专用无线通信设备故障后,各专业采用民用通信/专用有线电话进行联络,建议车站安排相关人员跟车了解车辆在本站车地无线覆盖范围内的乘客需求,直至抢修完成。

(3)乘客信息系统。

① 车站乘客信息系统服务器、播放控制器等有线设备故障场景。控制中心乘客信息系统服务器等有线设备故障时,该站无法接受中央下发信息指令(包括紧急信息),由调

度人员通知车站，如遇紧急情况，做好信息上报及现场处置，直至抢修完成。

②车站、区间乘客信息系统无线设备设备故障场景。车站、区间乘客信息系统无线设备故障时，中央无法调看列车行驶至无线设备故障区段时车厢的实时图像，由调度人员通知车站，安排车站人员跟车了解车辆在该区段的运行情况，如遇紧急情况，做好信息上报及现场处置，直至抢修完成。

6.3 应急模式场景

6.3.1 大客流

（1）在全自动运行轨道交通线路车站某一运营时段内候车、停留的乘客达到该站站台站厅、上下楼梯、出入口通道、换乘通道等拥堵点的客流容量，且有继续增加趋势，如不采取紧急措施，极有可能引发人员拥挤踩踏等伤亡事故或意外事件等情况。

（2）车站工作人员确认车站大客流并在综合监控系统中启动相应工况。正线调度员根据车站大客流实际情况，采取客流控制措施（安检机限流、出入口限流等），并采用增开列车、多停晚发、线控、网控等措施调整运力。

6.3.2 列车发生火灾

1. 列车发生火灾能够维持进站时

（1）列车车厢火警探测系统报警或控制中心接到乘客报火警后，正线调度员通过车厢CCTV及火灾报警系统区间探测器确认起火部位，初步判断火灾影响程度，列车继续运行维持进前方车站，开启区间、车站排烟风机，到站后各岗位按车站火灾预案的相关要求进行应急处置。

（2）列车运行至前方站对标停车后自动打开车门、屏蔽门，在人为干预前应保持打开状态。

（3）控制中心确认列车火灾情况后，通知相邻车站做好应急处置准备工作，及时进行行车组织调整（系统应联动事发列车停靠站台扣车、邻线列车越站、扣停后续列车等命令），预判火灾影响并通知全线车站，触发PIS、广播等，做好乘客安抚。

（4）车站工作人员引导乘客疏散，及时确认AFC紧急模式（进、出站闸机全开）已启动，落实乘客信息告知、疏散引导、接应统计、人员先期救助及抢险抢修配合等工作。组织车站开展火灾前期扑救。火灾扑灭后，清理事故现场，相关列车退出运营。

（5）应急处置结束后，控制中心应及时进行运营调整，逐步恢复正常运营秩序。

2. 列车发生火灾迫停区间

（1）列车迫停区间，车厢火警探测系统报警或控制中心接到乘客报火警后，正线调度员通过车厢 CCTV 及火灾报警系统区间探测器确认起火部位、列车迫停位置，初步判断火灾影响程度，立即组织乘客疏散，开启区间、车站排烟风机。

（2）封锁事故区间，远程紧急制动事故列车，通知相邻车站做好应急处置准备工作。

（3）列车因火灾迫停区间时，系统应具备全程引导列车乘客区间疏散的功能，需识别疏散方向、风机排烟方向，判断是否利用区间疏散通道疏散乘客等，正线调度员通过广播做好车上乘客信息告知及安抚工作，并做好疏散逃生过程中的广播、引导工作，同时通知相应车站进行处置。

（4）控制中心及时进行行车组织调整（系统应联动扣停后续列车命令，若需利用区间疏散通道疏散乘客时，需联动扣停邻线列车命令），预判火灾影响并通知全线车站，触发 PIS、广播等，做好乘客安抚。

（5）相关车站工作人员通过应急处置室确认火灾列车位置，赶赴现场引导乘客疏散。

（6）相关车站应及时确认 AFC 紧急模式已启动，落实乘客信息告知、疏散引导、接应统计、人员先期救助及抢险抢修配合等工作，组织车站开展火灾前期扑救工作，引导外部救援力量支援。

（7）应急处置结束后，控制中心应及时进行运营调整，逐步恢复正常运营秩序。

3. 列车在站台发生火灾

（1）列车站停、出站时，车厢火警探测系统报警或控制中心接到乘客报火警后，正线调度员立即扣停该次列车，并通过车厢 CCTV 及火灾报警系统区间探测器确认起火部位、列车迫停位置，初步判断火灾影响程度，立即组织乘客疏散，开启车站排烟风机。

（2）列车站停时，系统应联动打开车门、屏蔽门，在人为干预前应保持打开状态。

（3）列车出站时，若未离开站台区域发生火灾报警，系统须在判定车门、屏蔽门重合（至少 1 对车门、屏蔽门）后，紧急制动，打开重合车门、屏蔽门（未重合的车门、屏蔽门保持关闭状态）。重合车门、屏蔽门在人为干预前应保持打开状态。若已离开站台区域，列车应运行至下一站处理。

（4）正线调度员通过广播做好车上乘客信息告知及安抚工作，并做好疏散逃生过程中的广播、引导工作，同时通知相应车站进行处置。

（5）相关车站应及时确认AFC紧急模式已启动，落实乘客信息告知、疏散引导、接应统计、人员先期救助及抢险抢修配合等工作，并积极组织开展火灾前期扑救工作。

（6）应急处置结束后，控制中心应及时进行运营调整，逐步恢复正常运营秩序。

6.3.3　车站发生火灾

（1）控制中心FAS系统显示车站火灾报警或接到乘客、工作人员上报的发现车站火灾信息，正线调度员通知车站工作人员至现场确认处置，通过CCTV查看报火警区域的现场情况。

（2）全自动运行系统应具备车站火灾监控功能，监测并确认车站发生火灾后，联动响应火灾排烟模式（包含站厅、站台、设备区排烟模式），并联动列车站台扣车、越站、扣停后续列车等命令，若不具备上下客条件但具备过站条件，则由正线调度员对后续列车进行跳停操作，车站人员着手疏散车站乘客准备及进行关站操作。若不具备过站条件，则由正线调度员扣停相关列车，车站工作人员着手疏散车站乘客准备及进行关站操作。

（3）相关车站应及时确认AFC紧急模式已启动，落实乘客信息告知、疏散引导、接应统计、人员先期救助及抢险抢修配合等工作，并积极组织开展火灾前期扑救工作。

（4）火灾扑灭后或未发现火灾，车站应安排工作人员检查原因，复位设备。

6.3.4　行车突发事件

1. 重大行车安全事故

列车在全自动运行过程中障碍物监测系统或脱轨检测报警发现挤岔、脱轨、冲突、倾覆等事故（事件），导致人员伤亡、财产损失、设施设备损坏或危及行车安全、影响正常行车秩序的场景。

（1）接到乘客报警列车发生事故或发现ATS显示列车事故报警（障碍物探测报警或脱轨检测报警）后，正线调度员通过CCTV确认情况，核实列车事故，下达抢修指令，若载客状态，需通过广播对车上的乘客进行安抚。

（2）正线调度员根据现场需要落实事故区段安全防护措施，封锁相关区段，对事故列车与相邻列车实施远程紧急制动，关闭事发区段相邻车站，预判事故影响并通知全线车站，做好非事故区段的行车组织调整工作及现场抢修配合工作。

（3）车站工作人员确认事故位置，设置抢修临时进入点，做好抢修登记，车站应及时做好乘客信息告知、客运组织，做好抢险抢修队伍及公安、医疗等外部支援力量的接应引导工作，并配合做好人员救助、抢险抢修等工作。

（4）车辆、通号、工电等抢修队伍接到抢修指令后立即赶赴现场，确定现场抢修总负责人，进行现场抢修，抢修结束后明确动车条件及运营限制，组织做好设施设备测试及清场工作。

（5）应急处置结束后，控制中心应及时进行运营调整，逐步恢复正常运营秩序。

（6）若重大行车安全事故发生在场（段）或者全自动运行区时，段/场调度员落实事故区段安全防护措施，封锁相关区段，对事故列车施加远程紧急制动，启动段/场工作人员防护开关；正线调度员落实事故区段安全防护措施及列车出入库调整方案，预判事故影响并通知相关车站。

2. 错开车门

（1）正线调度员通过车站行车值班员上报或乘客报警获知停站列车非开门侧车门自动打开，车站工作人员立即触发站台紧急停车按钮。

（2）行调安排综合技能队员登乘列车关闭非开门侧车门，通知综合技能队员和行车值班员，开启站台侧车门，实施清客。行调扣停相关列车，安排车站工作人员和综合技能队员至车厢底部巡视，如有跌落轨行区人员立即带离正线，积极施救。

（3）确认人员出清轨行区后，正线调度员安排故障列车下线检修，备车替开。

3. 区间疏散

（1）区间疏散分为利用列车疏散梯及区间疏散平台两种疏散模式。若采用列车疏散梯疏散乘客，全自动运行系统应具备列车头端、尾端自动开启疏散梯功能；若利用疏散平台疏散乘客，应具备列车识别疏散梯侧，并具备自动开启同侧车门引导疏散功能。

（2）区间疏散需分为紧急疏散、非紧急疏散两类，因车辆电气火灾、人为纵火、区间设备火灾衍生灾害均可能造成列车迫停区间，需执行区间紧急疏散；因车辆牵引系统故障、制动不缓解、乘客误操作、大面积停电等设备设施故障会造成列车迫停区间,需执行区间非紧急疏散。

(3)全自动运行线路列车在区间因设备故障或其他各类突发事件迫停,短时间无法恢复运营,需要工作人员至现场执行非紧急疏散乘客时,正线调度员封锁事发区间,安排相关车站确认故障位置后,至现场组织区间疏散,确定疏散方向,通过车厢广播及车载 PIS 做好车厢乘客安抚工作,根据疏散预案启动相应的区间通风模式。车站工作人员到达迫停列车,进入车厢打开车门和列车端头逃生门(或者疏散平台侧车门)开始区间疏散,原则上引导乘客至车站疏散,车站工作人员在站台应急处置室向车站乘客广播车站应急客流组织情况,并接应疏散乘客从站台门端头门引导至站台。

(4)全自动运行线路列车在区间因类似突发事件迫停,需执行紧急疏散乘客时,正线调度员封锁事发区间,确定疏散方向,通过车厢广播及车载 PIS 做好车厢乘客安抚工作;根据疏散预案启动相应的区间通风模式,联动打开车门和列车端头逃生门(或者疏散平台侧车门)开始区间疏散,原则上引导乘客至车站疏散。车站工作人员在站台应急处置室向车站乘客广播车站应急客流组织情况,并接应疏散乘客从站台门端头门引导至站台。

6.3.5 乘客事件

1. 乘客使用列车车厢紧急呼叫

(1)客室内设置紧急呼叫按钮,当紧急呼叫按钮被乘客触发后,可与中心调度台通话。车辆 PIS 系统将紧急区域的画面主动推送给控制中心 CCTV 监控屏。

(2)支持多个乘客呼叫,操作员选择任意一个来电回复,其余未被接听的呼叫保留请求。

(3)控制中心接到列车客室紧急呼叫触发后,应有声光报警,提示调度。

2. 乘客使用紧急操作装置

(1)乘客拉下紧急手柄后,系统联动 CCTV、车辆紧急广播和车载控制器。提示两遍:"某车厢紧急拉手拉下,将在下一站停车处理",控制中心通过与乘客对话的方式采取相应措施。车载控制器将手柄下拉信息发送给检调并输出报警。

(2)紧急手柄安装于列车客室内,每节车厢设置 1 个,具体以实际车辆设计为准。

(3)列车在区间运行过程中,紧急操作装置动作时,系统应控制列车继续运行到下一站对标停车，在人工干预前应保持车门关闭状态。

（4）在列车停站过程中，车门未关闭，紧急操作装置动作，系统应保持车门、屏蔽门打开状态；车门、屏蔽门关闭后，系统应停止动车打开车门、屏蔽门；列车出站时，若未离开站台区域系统触发紧急制动，系统须在判定车门、屏蔽门重合（至少1对车门、屏蔽门）后，紧急制动，打开重合车门、屏蔽门（未重合的车门、屏蔽门保持关闭状态）。重合车门、障蔽门在人为干预前应保持打开状态。若已离开站台区域，列车应运行至下一站处理。

6.3.6 列车车厢内乘客异动事件

（1）列车车厢内乘客异动指多名乘客因不明原因在车厢内恐慌性奔逃事件。

（2）正线调度员通过车厢报警通话装置、服务热线等途径接报或通过CCTV发现列车上有乘客恐慌性奔逃，将CCTV切换至事发车厢进行监控，通过车载PIS、车厢广播发布乘客安抚信息，安排就近车站派遣工作人员上车确认现场情况。行调进行扣车，车站派人上车，确认现场情况后进行相应处置。处置完毕行调取消扣车，恢复正常运营。

6.3.7 车站火警

（1）车站工作人员根据FAS系统显示火警信息情况，到现场确认火警情况。

（2）若为误报，则车站工作人员恢复相应设备、复位火警，报正线调度员。

（3）若为真实火灾，则车站工作人员根据火灾位置及火势大小情况，报正线调度员并操作相关消防设备进行灭火排烟，组织乘客疏散。判断火灾情况是否具备上下客条件，若不具备上下客条件但具备过站条件，正线调度员则对后续列车进行跳停操作。若不具备过站条件，正线调度员则扣停相关列车。

6.3.8 单个车站或部分车站大面积停电

（1）该场景分为信号设备集中站和非集中站，后者只影响车站客运组织，前者同时影响车站客运组织和正线行车（集中站信号设备失电）。

（2）发生车站失电后，车站立即上报信息至控制中心及其他上级单位，并组织相关专业人员对失电情况进行检查和处置，正线调度员预判车站失电影响，做好受影响相关区段的行车组织调整,若车站失电影响车站乘客乘降安全,则根据现场情况及车站申请组织停站列车离站、后续列车跳停事发车站,车站实施车站疏散。如失电车站为设备集中站,正线调度员应根据信号系统不间断电源续航时间,做好行车调整工作,车站实施疏散。

6.3.9　列车到站疏散

(1) 全自动运行列车因设备故障等各类原因维持运行至前方站台清客,如列车在站台对位停准,则执行清客流程。

(2) 如列车对位不准,在站台区域迫停需要立即疏散,正线调度员安排车站工作人员打开站台门应急门,通过车厢广播指导乘客打开站台门应急门所对应的车门,车站工作人员在站台应急处置室内广播告知乘客客流引导信息,并进入车厢进行疏散。

6.3.10　区间有序疏散

(1) 全自动运行线路列车在区间因设备故障或其他各类突发事件迫停,短时间无法恢复运营,需要工作人员至现场疏散车上乘客时,正线调度员封锁事发区间,安排相关车站确认故障位置后,至现场组织区间疏散,确定疏散方向,通过车厢广播及车载 PIS 做好车厢乘客安抚工作;根据疏散预案启动相应的区间通风模式。

(2) 车站工作人员到达迫停列车,进入车厢打开车门和列车端头逃生门开始区间疏散,原则上引导乘客至车站疏散,车站工作人员在站台应急处置室向车站乘客广播车站应急客流组织情况,并接应疏散乘客从站台门端头门引导至站台。

6.3.11　远程引导区间疏散

(1) 全自动运行线路因各种原因导致列车在区间迫停,危及乘客安全,需要立即疏散车上乘客,如发生火灾、爆炸、冲突、脱轨等突发事故。

(2) 正线调度员根据乘客报警,从车载 CCTV 视频中监控车内乘客,正线调度员确定疏散方向,通过车厢广播引导乘客疏散至相关车站,打开区间通风、照明。行调安排区间两端车站工作人员至现场接应,车站确定区间疏散位置后,赶赴现场接应疏散乘客从站台门端头门引导至站台。

6.3.12 区间火灾

1. 区间火灾探测器报警

（1）正线调度员安排列车出清事发区间，扣停事发区段以外相关列车，安排综合技能队员进入区间勘察火情。

（2）若为误报，则恢复相应设备、复位火警。

（3）若为真实火灾，封锁事故区段，扣停相应区段列车，通知相邻车站做好应急处置准备工作，视情下达抢修指令。正线调度员预判火灾影响并通知全线车站，进行行车调整，组织进入火灾区段的其他列车驶离或退回至发车站。据火灾位置及扣停的列车位置启动相应的火灾工况、开启事故风机及时送风排烟，必要时封锁相关区段。车站应及时确认 AFC 紧急模式已启动。

2. 存车线火警探测系统报警

（1）正线调度员安排列车出清事发区间，扣停事发区段以外相关列车，安排相关人员进入区间勘察火情。

（2）若为误报，正线调度员则恢复相应设备、复位火警。

（3）若为真实火灾，则判断是车辆火灾还是线路设备火灾，若为车辆火灾，正线调度员则启用车辆火灾模式场景。若为线路设备火灾，正线调度员调离存车线所有车辆，封锁相关区间，视情下达抢修指令。

6.3.13 地震场景

（1）当地震发生时，线路上的列车应立即紧急制动，并启动地震应急预案。

（2）正线调度员从官方渠道或接到上级单位通知知道即将或已经发生地震，或自身感受到强烈震感，应立即向正线、车辆段、停车场内所有列车发送远程紧急制动指令，同时向全线列车、车站发送地震 PIS 信息。控制中心、车站、维保等各单位启动地震应急预案疏散乘客。

6.3.14 紧急呼叫（客室与控制中心调度台通话）

（1）客室内设置紧急呼叫按钮，当紧急呼叫按钮被乘客触发后，可与中心调度台通话。车辆 PIS 系统将紧急区域的画面主动推送给控制中心 CCTV 监控屏。

（2）支持多个乘客呼叫，操作员选择任意一个来电回复，其余未被接听的呼叫保留请求。

6.3.15　紧急手柄（乘客下拉手柄，中心与乘客对话并处理）

（1）乘客拉下紧急手柄后，系统联动 CCTV、车辆紧急广播和车载控制器。提示两遍："某车厢紧急拉手拉下，将在下一站停车处理"，控制中心通过与乘客对话的方式采取相应措施。车载控制器将手柄下拉信息发送给检调并输出报警。

（2）紧急手柄安装于客室内，每个客室 1 个，具体以实际车辆设计为准。

6.3.16　恶劣天气

（1）系统根据恶劣天气模式的触发条件，自动在行调工作站提供"确认是否采用恶劣天气模式行车"的提示，行调与现场车站值班员联系，明确情况后确认全线列车运行到恶劣天气区域时是否采用恶劣天气模式。同理，ATS 子系统根据 TCMS 提供的空转和打滑信息判断是否可以退出恶劣天气模式，自动在 OCC 行车调度台上提供"确认是否退出恶劣天气运行模式"的提示。

（2）恶劣天气模式下，ATS 子系统根据 TCMS 提供的空转和空气制动滑行信息判断是否仍出现转向架空转和滑行状态，自动在行调工作站提供"确认是否临时限速运行"的提示。

（3）恶劣天气模式下，中心行调严格按照应急预案根据天气情况为全线受雨、雪、雷、风、雾区域的线路设置临时限速。

6.3.17　应急行车方式

1. 列车加开

运营时段，利用库内或正线备用车开行非计划的载客列车和空车。可参考 6.1.3 中列车进入正线。

2. 列车跳停

（1）行调通过 ATS 工作站设置指定站台跳停，载客列车在全自动运行模式下在该站跳停。

（2）列车冲标超过规定距离，自动运行至下一站并自动触发越站广播。

3. 列车提前发车

行调或车站值班员通过 ATS 设置提前发车操作，使列车相对计划发车时间提前出发。

4. 列车站台扣车及多停晚发

（1）列车运行前方发生故障或其他运营调整情况时，行调或车站值班员对站台列车进行扣车操作。行调可手动操作 ATS 实现全线扣车、×站扣车、×站至×站的区段扣车功能。

（2）行调认为该调整列车运行时，通过 ATS 操作实现单列车或多列车在×站多停（晚发）功能，也可实现全线列车在×站或多站多停（晚发）功能，多停（晚发）时间可以是系统预设值或人为操作设定值。

5. 区间参数系统扣车

当前方区间列车数量达到系统设定值后，后续列车会实施自动扣车把后续列车扣在前方站站台，使前方区间列车数量不大于系统参数，该场景主要是一种自动触发的功能，系统根据实际列车运行分析情况，自动触发扣车，自动取消扣车。

6. 全线自动扣车

当遇到如大面积触网失电等突发事件或其他运营调整需要，系统自动触发全线扣车，列车被扣停在相应站台。

7. 列车运行计划变更

（1）列车运行计划变更主要指列车交路变更，如由小交路列车变为大交路或大交路列车变为小交路。

（2）基本流程。

正线调度员布置变更交路任务，通知相关车站，并设置车厢广播或对车厢进行人工广播。

正线调度员对变更交路列车重新分配相应交路号或目的地代码。

第7章 PART SEVEN
全自动运行下各系统方案研究

7.1 全自动运行系统总体性研究

7.1.1 全自动运行自动化等级选择

从不同的自动化等级的定义及人机功能的划分来看，DTO 和 UTO 都属于全自动运行系统，在正常运营过程中 DTO 和 UTO 的人机功能划分是一致的，不需要车上司乘人员的参与。UTO 是更高等级的全自动运行系统，可以完全取消车上司乘人员，由系统和控制中心调度指挥人员共同实现紧急情况的检测与处理。

正常情况下，DTO 与 UTO 一样，由设备自动完成各项操作。紧急情况下，DTO 与 STO 一样，由车上的司乘人员处置故障，而 UTO 等级则需地面派人到车上进行处置。

考虑实际上 GoA3 和 GoA4 等级设备配置以及工程实施差别不大，而 GoA4 相对于 GoA3 在自动化水平和运营模式方面均有提升，因此西安第三轮建设线路建议均按 GoA4 全自动运行等级的标准进行设计和建设，线路开通时，系统具备 UTO 模式运行能力。

考虑国内还未有初期开通即按 UTO 模式运营的线路，各地对新技术的理解和接收程度存在差异，运营模式可根据实际需要决定。因此建议在不载客试运行及运营准备阶段可按 UTO 和 DTO 两级模式进行，在试运营和正式运营初期可按 DTO 等级运营，待运营准备充分且其他条件成熟时平滑过渡到 UTO 等级全自动运行模式运营。

按照 UTO 等级建设的全自动运行系统，在常规驾驶模式的基础上，增加了 FAO（全自动运行）模式。UTO 等级建设的线路具备完整的驾驶模式，同时支持从全自动运行模式降级至传统的 STO 模式。

7.1.2 全自动运行运营需求分析

本书第 5 章中，提出了全自动运行下运营重点环节的系统功能，以及各类全自动运行下特定的运营场景，这些新增功能和场景，即为满足全自动运行系统的新需求以及常规轨道交通线路运营管理方面的需求变化，是针对 DTO 模式下和 UTO 模式下制定的运营操作流程。

全自动运行是基于技术装备进步、运营管理科学而提出的更为先进的运营模式，取消专职司机仅仅是其中的一个表现而非目的，而为了满足 FAO 下的各类运营操作流程，需要对轨道交通中的多个子系统进行优化配置，补充或增强多个方案，完善与多个系统之间的接口，融合各系统的功能，实现系统化设计，以达到全自动运行系统的提升自动化水平、减少人为误操作、降低人员工作强度、提高系统运营效率的最终目的。

下面是以运营场景为主线，通过对全自动运行运营需求的分析、分解、归纳、总结，提炼出需求对各系统、车辆段、土建的功能要求，作为各系统设计方案的输入条件。

1. 正常工况的运营需求

常规轨道交通线路，列车在正线采用 ATO 模式运营，除人工开关门和发车等工作外，其余的运营操作流程与采用 FAO 系统基本相同。但 FAO 系统中车辆基地的作业有部分调整，列车作业变化较多，运营新需求较多。正常工况下的运营场景，对系统新增功能需求或功能变化可分为以下几类。

（1）自动操作类：系统需要自动实现列车唤醒、出入库、运行、停车、开关门、清客、折返等全过程作业，并自动实现自检，自行确保列车处于良好的技术状态。

（2）信息传输类：系统需自动掌握车内外的环境信息并上传给控制中心等，以供调度员决策，替代原司机在第一现场的信息掌握、传达的功能；包括轨行区情况、车内乘客情况、车站站台门间隙情况等，并具备乘客与中心直接联系的功能。

（3）远程控制类：系统需提供远程人工介入列车运行的功能，实现全部或部分车次的扣车、跳停、出入停车线、更改运行曲线等，必要时还需提供远程驾驶的功能。

（4）中心补强类：取消专职司机后，与行车有关的信息处理、决策及控制均由控制中心完成，原中心的人员架构及功能分配不再适应，需要补强增设调度岗，建议增设乘客调度、车辆调度两个岗位或工作职责，分别处理乘客信息与列车信息。

（5）接口变化类：FAO 系统中部分管理及控制接口、分工有所调整，OCC 直管范围纳入了场段的全自动运行区，可根据运营需要取消出入线的信号停车转换，模糊了正线与场段的管理分界。

2. 故障工况的运营需求

故障工况是 FAO 系统的重难点部分，如何在现场没有司机参与的情况下，通过系统自动处置或派遣临时工作人员处理故障，以及处置的效果是否可以接受，是需要重点考虑的问题。

故障工况下的事件处置大多需要人工介入或监控，有关列车部件的故障应尽可能地通过重启、切除、旁路等自行处置，以避免中断运营或大范围延误；相应的控制中心、站务人员需要决策并采取措施以控制事态扩大。

故障工况大多因设备故障而引发，包括列车、站台门、轨道（主要为道岔）、信号、供电等。根据以往运营经验，设备故障最为频繁、对正常行车干扰较大的有车门、站台门故障（或夹人）、信号系统故障、道岔故障、牵引制动系统故障等。

（1）车门、站台门故障或夹人：最为频繁，影响列车正点运营，且夹人夹物易危及乘客安全，在现行的运营模式下，确保安全关门已成为司机的第一职责，FAO 系统的关门安全问题是必须重点解决的问题。

（2）信号系统故障（含道岔电气故障）：较频繁，导致单列或区段内列车降级运行，人工排列进路降低效率，造成行车间隔拉大，运行晚点；FAO 系统列车的运行几乎全部由信号系统自行实现，如发生故障降级则失去 FAO 的先决条件，需派遣临时司机添乘，运营处置很难。

（3）牵引制动系统故障：属车辆行走能力的丧失或缺失，容易导致列车救援，涉及清客、连挂、推送等作业，且连挂后的列车运行需要人工驾驶，前端也需要人工瞭望信号；列车牵引制动系统发生故障后运营处置难度很大。

3. 应急工况的运营需求

应急工况下往往涉及清客问题。车站站内清客条件好、速度快、现场有工作人员，所以乘客容易控制。但在区间迫停后的疏散，FAO 运营下区间现场一般没有工作人员指挥，无序的区间疏散极易失去控制，因此区间迫停后的疏散问题，FAO 模式较 ATO 模式更为不利。

为此，避免区间迫停疏散，尤其是发生火灾爆炸等短时间危及乘客生命安全的区间迫停，是全自动运行系统必须极力避免的事件，除了区间需要设置疏散平台外，列车冗余度及抗破坏能力需要加强，保证运行到前方车站疏散。

另外，FAO 要求应能实现对列车端部逃生门、侧门的远程开启，也应能实现列车广播的远程播放，还需考虑区间的远程广播控制，并以辅助区间应急工况下运营场景实现。

7.1.3 全自动运行系统总体功能要求

通过对全自动运行的运营需求分析，具体到运营管理对各系统配置的要求，本文得出全自动运行下各系统的总体功能要求如下。

（1）全自动运行系统应优于非全自动系统的运营水平，提供更高的运输能力、更快的旅行速度、更优的车辆配置、更低的定员标准、更轻松的工作环境。

（2）全自动运行系统工程是涉及土建和设备等多专业的系统性、综合性工程，应进行多专业顶层设计，使信号、车辆、综合监控、站台门、通信系统应深度互联，实现协同控制，从而提升城市轨道交通整体自动化水平，满足全自动运行各类工况下的功能需求。

（3）全自动运行系统应提供更为可靠的自动化运营体系，系统故障率应低于非全自动系统，自动处置正确率及响应速度应高于非全自动系统的模式。全自动运行系统必须以安全可靠、技术先进、经济合理为设计宗旨。系统设备选型应具有高可靠性和高可用性，关键运行设备均应采用冗余技术，减少运行故障。全自动运行系统在满足系统正常运行的前提下，应具备较强的抗干扰能力及故障恢复能力。

（4）全自动运行系统应配置更加智能化的自动操作系统，提供完备的远程监控与人工介入接口，正常运营期间无需人工直接介入，系统自行完成与列车正线运营相关的全部工作流程。在系统发生故障时，全自动运行系统应具有降级运营控制模式，系统可按控制中心意图，实现不同范围、不同程度的人工干预，保持一定的自动控制功能，以减小对运营的影响。

（5）全自动运行系统宜设置备用控制中心，主用控制中心与备用控制中心核心系统的服务器及接口设备应互为冗余热备。在主用控制中心失效时，备用控制中心可立即接管全线的运营管理。

（6）全自动运行系统应具备兼容性，满足轨道交通线路全自动运行和非全自动运行的运营需求。

（7）全自动运行系统控制中心应具备车辆监控功能、乘客服务功能。车辆监控功能宜由信号系统、车辆、通信与综合监控系统共同实现，乘客服务功能可纳入综合监控系统或信号系统；宜增设车辆调度、乘客调度工作站，可根据具体调度指挥模式配置调度人员。

（8）全自动运行系统应具备更加完善的设备监测功能，关键设备的运行状态、故障报警应实时上传控制中心，以使运营人员及时掌握列车运行情况，远程对列车实施人工控制。

（9）全自动运行系统应增强列车内及列车运行前方的视频监视。列车应设置障碍物检测、紧急呼叫装置，宜设置紧急手柄装置，提高系统的安全性及应急处置能力。列车宜采用开放式司机室，宜不设置司机室门，宜采用简易司机台方式、设置司机台防护盖。

（10）全自动运行系统应采取措施尽量减少乘客或物品夹入站台门与车门间隙造成的风险；宜在站台门与车门之间设置间隙探测等装置。

（11）全自动运行的车辆基地内应根据作业需求划分自动控制区和非自动控制区，并设置自动/非自动控制转换轨，全自动运行区域应为全封闭区域，应通过设置 SPKS、门禁等措施防护全自动区域的人工作业。停车列检库内应增加人员专用检修通道，减少维修对自动控制区运行的影响，避免人车冲突。停车列检库线、转换线的长度设置需满足列车自动控制的要求。

（12）全自动运行相关的信号、车辆、综合监控、站台门、通信等系统应进行独立的第三方安全评估，涉及行车安全的设备必须满足故障-安全原则。

（13）全自动运行系统与行车相关的重要系统，如信号、车辆、供电、轨道等应设置在线监测和运维保障系统，确保全自动运行系统的安全。

（14）系统应结合全自动运行场景，从危害程度与发生概率维度在工程各阶段进行危险源分析，形成自身的安全需求，并在工程建设、调试及运营过程中对危险源进行管控。

7.1.4 全自动运行系统总体架构

由运营需求分析，以及系统总体的功能要求可知，全自动运行系统工程是涉及土建和设备等多专业的系统性、综合性工程。因此，系统方案设计应考虑多专业顶层设计，使车辆、信号、综合监控、站台门、通信系统深度互联，实现协同控制，从而提升城市轨道交通整体自动化水平，满足全自动运行各类工况下的功能需求。

全自动运行系统下的关键性专业共有 7 个，分别是线路、供电、车辆、信号、通信、机电、综合监控系统,各机电、弱电子系统则可划分为几十个,并具有数十万个驱动采集点,是一个复杂巨型系统。其中线路专业、供电、机电专业较传统有人驾驶线路的区别较小,本书不再赘述其技术方案。而车辆、通信、信号、综合监控、站台门等多专业的智能应急联动和辅助决策 技术,代替人员操作,实现上文提到的各类运营场景需求,是实现 FAO 复杂系统间的智能协调联合控制,实现对 FAO 智能管控的关键。为解决此问题,本次研究提出全自动系统的总体架构如图 7-1 所示。

全自动系统整体架构分为以下 4 个核心组成部分。

(1)控制中心级设备,为以中心列车自动监控(ATS)系统,以及综合监控系统为基础的中央级调度平台;在运营组织管理方面,加强紧急情况下的处理能力和措施,对信号、通信、综合监控、供电、车辆与灾害报警等系统进行协同联动与界面综合整合,保证整个系统内部的协调。

(2)车站级设备,主要为车站级综合监控系统设备,以车站 ISCS 为核心,集成互联控制车站内与乘客乘降相关的子系统设备,如乘客信息系统(PIS)、车站广播系统(PA)、车站站台门系统(PSD)等;响应中心的调度命令与紧急处理命令,负责本站内乘客广播引导等工作以及本站内紧急情况的监控与应急处理。

(3)轨旁设备。轨旁设备变化不大,主要包含轨旁列车自动防护系统(ATP)、联锁系统(CI)、辅助定位轨旁电子单元(LEU)系统等,可根据运营线路实际需求,增加安装轨旁障碍物检测设备。

(4)车载设备,为以车载(VOBC)列控系统(ATP/ATO)为核心,配备牵引制定、辅助测速等常规车辆设备。因为在全自动运行系统常规模式下,车头不配备司机,可根据运营需求在车头加装视频监控(CCTV)以及障碍物检测设备,增加安装车辆信息管理系统(TCMS),作为以电子设备代替司机采集及传输行车信息的专用系统。在传统列控系统的结构基础上,车载设备可强化列车上的 CCTV 系统、列车广播系统、车载紧急呼叫与紧急停车按钮功能,使控制中心在紧急情况下可以及时与乘客通话,实时监控列车上乘客的情况,保证乘客安全,加强在中心命令下乘客对行车状态的监管能力。

综上,各层级设备的功能:中心系统负责监控列车运行和服务乘客;车站系统负责监控站内设备;车载系统负责列车的全自动运行。

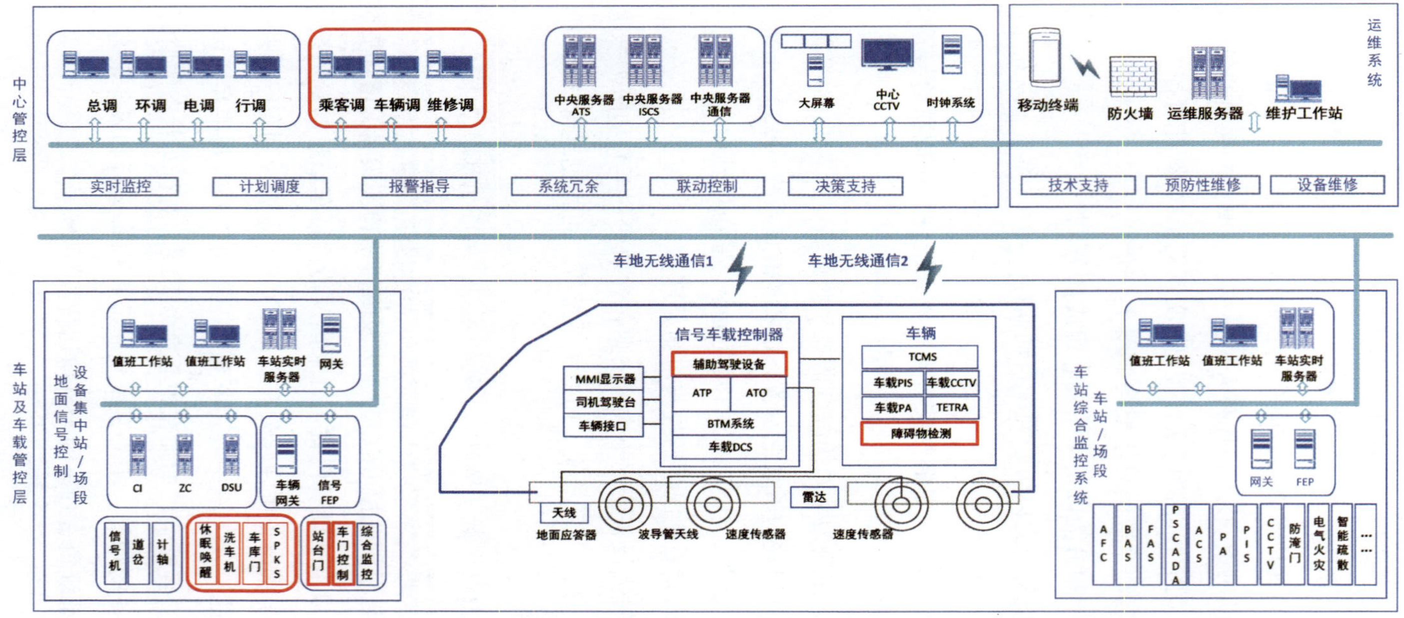

图 7-1 全自动运行系统总体架构

另外，信号、车辆、轨道、供电等系统是保障地铁列车运行安全的重要组成部分，上述系统的设备发生故障后能否及时发现、诊断、处置，将直接关系列车的运行安全及运营效率。因此，信号、车辆等关键系统设备维护工作尤其重要。全自动运行系统的整体架构中，也应有对系统维保平台进行重点设计和建设。以信号系统为例，目前传统线路的信号系统设备的运维保障工作主要包括系统设备工作状态的监测、故障设备的恢复及应急处理等工作。而全自动运行线路的信号系统运维保障管理系统应更加有效整合维修资源，具有针对性的应用分析，包括实时监控、系统分析/评估、数据劣化分析、专家诊断及人工智能设备监控状态识别等功能，从而提高运维保障能力，实现维修资源共享的能力。

全自动运行模式下，车辆专业应考虑设置电客车智能运维系统，其中包括3个模块。

模块一：弓网在线检测项目，能对弓网的运行状态进行高清视频监视，监测弓网燃弧，实时检测接触网拉出值、接触网导高、接触网坡度等几何参数，并能够对弓网运行状态和对受电弓进行动态监测。

模块二：电客车运行数据在线监测项目，是将列车TCMS监测的列车故障及状态信息，根据不同的故障等级，可将重要故障信息和关键性的列车状态信息通过无线通信系统实时上传。列车所有故障数据及运行数据具备回库后自动下载功能。

模块三：车载转向架在线监测系统由车载系统和地面服务器及工作站等组成，具备对轴箱轴承、车轮踏面进行实时监测，实现被监测部件的自动实时故障诊断和分级报警，保障列车运营安全，指导状态维修；具备报警信息通过网络传输至TCMS，并进一步通过车地无线传输通道传输至车辆检修中心地面服务器的功能。

综上，全自动运行系统较常规线路，发生较多变化的系统设备主要包含五大模块，分别为车辆、信号、通信、综合监控及站台门，以下章节分别对各系统的变化区别及实施方案进行研究分析。

7.2 多专业协同关键方案研究

对全自动系统的需求分析、总体功能要求、系统总体架构进行研究，可以看出，全自动运行需要对轨道交通中的多个子系统进行优化配置，且需融合各系统的功能，实现系统化设计，完善和多个系统间的接口，以达到全自动运行系统的目的。通过对北京、上海的调研，以及与信号、车辆、综合监控等集成商的交流，总结出全自动运行中多系统融合设计的要点，这些也是各地在功能设计、架构设计上差异较大的几个重点问题。

（1）在全自动运行下，各类运营场景对各系统间的联动提出了更高的要求，因此本章将对综合监控系统与信号系统间的关系进行重点研究。

（2）在全自动运行下，须加强中央调度对车辆上影响行车的关键信息的实时监视和对车载 PIS、PA 等的远程控制。此功能要求涉及车辆、车载设备、通信传输、综合监控系统等多个专业的配合，因此本章将对此问题进行重点研究。

（3）后备控制中心的设置方案，包括选址方案、与运营管理的适配性、各系统的配置方案，涉及多个专业的融合，各地做法均有差异，因此，本章将结合西安本地特征，研究后备控制中心的技术方案。

7.2.1 综合监控与信号集成、互联关系

1. 集成技术分析

系统集成本质上是系统集成商根据运用的自身的经验，设计和构建一个适合于本工程具体要求的集成开放系统的全过程。系统集成是应用开放系统将多家厂商的设备连接在一起，实现应用要求的全部功能的过程，是应用共享的信息平台接入各系统，为用户实现从顶层至底层的自动化监控管理功能的工程活动。

进行系统集成面临以下 3 个基本问题。

（1）采用一个成熟的开放系统作为系统集成的平台。开放系统由通用的国际知名的硬件产品支持，由通用的操作系统和软件产品支持；可由多个厂家的通用设备组成，可接入多个厂家的设备。

（2）按照实际应用需求进行，以最终满足用户需求为目标。应用需求包括系统要求、性能要求和功能要求。其中系统要求是指系统的体系结构、设备选型等方面的要求。性能要求是指系统可靠性、系统实时响应性、系统规模、系统容量、网络负荷及设备具体性能指标等。系统功能是应用需求的主要内容，是指根据最终用户的实际需求要完成的功能。性能和功能的要求决定了设备、装置及网络的选择和配置。

（3）采用通用开放的接口及软件通信协议。众所周知，子系统的无缝接入，涉及通信协议的标准化的问题。目前多种标准的通信协议并行是客观事实，系统集成必须结合

这种实际情况对各子系统分开处理。一种情况是集成子系统的产品具有专有通信协议，此时子系统的产品厂商应开放协议，软件开发人员在各自的技术背景支持下专门开发软件解决通信问题，这种情况通信问题将耗费大量时间，接口开发难度很大。另外一种情况是集成系统采用一些知名品牌的产品，这些产品的通信协议符合某种国际标准，此时可采用此标准协议进行通信，这样可大量节约人力、物力。因此系统集成在条件允许的情况下应尽量采取后一种情况的方法进行。

2. 集成范围方案比选

综合监控系统通过对车站各相关机电系统集成和互联，实现信息互通和协调互动。

综合监控系统集成：综合监控系统取代了各接入子系统的监控层系统，各子系统的数据处理、监控功能、人机界面均通过综合监控系统完成，各集成的相关系统完全依赖综合监控系统实现各项监控和操作功能。

综合监控系统互联：综合监控系统与各子系统之间存在数据交换但其数据处理相对独立。被互联子系统具有独立的传输网络，是独立系统，综合监控系统与它们在不同的监控级别存在接口，与它们交换必要的信息，实现联动等功能，互联系统能脱离综合监控系统独立运行。

根据国内外城市轨道交通综合监控系统设置情况来看，尤其是在全自动运行模式下的线路，ATS 与 ISCS 主要有两种典型的系统集成模式方案：信号 ATS 系统相对独立的系统集成模式以及信号 ATS 与 ISCS 完全集成的模式。

方案一：ISCS 与 ATS 互联，信号 ATS 系统相对独立。

目前国内建成和正在建设的大多数综合监控系统都属于这种构成方式，是目前采用得最多的一种方案。按全自动运行模式建设的线路，如成都 9 号线、福州 4 号线等，也采用此方案。

本方案下，ISCS 系统集成 PSCADA、BAS、PSD，PSCADA、BAS、PSD，车站现场级以上的功能全部由 ISCS 实现。

ISCS 互联 FAS、CLK、ATS，其中，全自动运行模式下，ATS 可与 ISCS 采用界面集成，界面集成是指相关专业的操作界面纳入 ISCS 的一种互联方式。

PSCADA 是以中心监控为主，系统要求实现中央级、车站级（变电所）两级管理，中央级、车站级（变电所级）和就地级三级控制，系统功能主要有控制、数据采集处理、显示、报警、调度事务管理以及维修、事故抢修等调度功能，正常以中央级控制为主，故障情况下，采用变电所内控制。

BAS 是以车站监控为主，系统要求实现中央级、车站级两级管理，中央级、车站级、就地级三级控制方式，中央级主要负责全线 BAS 的日常调度、控制模式、运行累计等工作，车站级不设专职 BAS 操作员，而由车站值班员工作站兼任。

PSCADA 和 BAS 两系统在车站与中心级具有相同的管理、控制、维护、报警等功能要求，由 ISCS 系统集成能最大化满足功能要求以及经济效益。

FAS 监控、管理、维护、报警等功能要求类似于 BAS，根据消防规范要求，车站火灾报警主机（含）以下的消防有关的所有设备需要消防安全认证，所以车站火灾报警主机（含）以下的 FAS 系统需独立。但 FAS 监控工作站，仅用于监视消防设备状态而不控制，根据西安本地消防要求，FAS 在车站可集成到 ISCS 信息平台中，由综合监控厂家统一人机界面风格，方便值班人员的操作，另外，FAS 在车站独立设置图形显示装置，也通过接口与火灾自动报警消防主机数据交换，接收消防主机的报警及设备状态信息。

PSD 要求实现系统级、站台级和手动操作三级控制方式，站台门的管理以车站管理为主，在中央级和车站不单设站台门系统调度员，在中央级由中央级的环境调度操作值班员兼任，在车站级由车站值班员工作站兼任，PSD 在中央级与车站级以实时监视为主，不在车站级设置监控工作站，故由 ISCS 集成，用 ISCS 工作站监视 PSD 设备状态能最大化满足功能要求以及经济效益。

ISCS 在控制中心、车站需要 CLK 提供时间信息，但由于时钟系统为保证轨道交通系统时钟的一致性，要求具有实时性很强的独立传输系统，因此 CLK 采用互联方式接入 ISCS。

视频监控系统、广播系统、PIS 系统作为运营的辅助系统，可由 ISCS 界面集成监控操作界面。视频音频传输通道包含多媒体信息，占用带宽大，不建议纳入 ISCS 通信传输通道中，仍由通信专业单独提供，其控制信息通道可以与 ISCS 数据传输通道共用。ISCS 界面具备向视频摄像机及广播终端进行监控，向乘客信息系统各车站终端设备发布正常、紧急文字信息的功能。

AFC（自动售检票系统）主要业务体现在财务功能、票务管理等方面，主要功能面向清分中心，其安全性、保密性和可靠性有很高的要求。另外，AFC 有设备状态信息、故障报警信息、自动售检票的运营管理模式信息等。按照目前 ISCS 厂家软件技术水平，具有将自动售检票系统设备监控功能进行界面集成的能力，故建议将自动售检票系统按操作人机界面集成方式考虑，实现车站设备状态、故障报警等部分数据的交换，涉及 AFC 财务及票务相关的功能，不纳入 ISCS 的管理范围。

门禁系统（ACS）与轨道交通运营调度无直接关系，主要是通过现代化技术手段对轨道交通工作人员进行管理，实现人员出入自动控制。门禁系统主要为运营部门的管理服务，其主要功能是运营部门对本部门人员的管理，如人员进出门情况、公司员工的考勤情况等。这些信息与 ISCS 对车站内与运营密切相关的各类机电设备的监控信息还是存在一定的区别，同时，ISCS 车站与中心的数据交换要求实时性较高，ACS 信息的实时性要求相对较低，建议采用互联方式接入 ISCS，将车站门禁系统的设备工作状态、故障状态系统传给 ISCS，门禁授权信息由门禁中央级设置的授权管理系统统一管理。另外，ACS 与 ISCS 采用互联的方式，因此，建议 ACS 与 ISCS 在车站级进行互联，在 ISCS 界面上显示设备状态信息，人员信息、考勤信息不纳入 ISCS 的监控管理范围。

ATS 作为行车指挥的重要环节，在正常运行时，各系统都应以行车调度为中心，紧紧围绕行调开展业务工作，因 ATS 安全可靠性要求高，且又具有很强的专业性，与其他系统集成难度大，故 ATS 按独立系统考虑，在中心与 ISCS 互联，实现信息的交换。

在全自动运行模式下，ATS 与 ISCS 需要进行某些特定的场景联动，并加强对车辆上的监控功能等，因此考虑 ATS 与 ISCS 通过数据接口方式（如以太网或工业总线），将 ATS 的信息完整地上传至 ISCS，满足调度人员对于控制预案的执行，能够充分协调各系统之间的动作，及时合理地处理各种灾害状态；并考虑将 ATS 与 ISCS 做顶层的界面集成，有利于调度人员对全自动运行下的场景联动以及整体运维。

方案二：搭建以行车调度指挥为核心，同时提供机电系统等功能的集成平台方案（全集成方案）。

本方案中，ISCS 集成信号系统的 ATS，此方案在国内城市轨道交通建设中已有开通案例，如北京燕房线进行了尝试，实现了对 ATS 系统的集成。

该完全集成模式的特点是在方案一的基础上还将信号 ATS 也纳入综合监控系统的集成范围，ATS 原有上位机监控功能由综合监控系统来实现。车站信号系统轨旁现场设备和 ATP/ATO 控制设备独立构成一个相对完整的系统，信号系统车站控制器通过通信接口接入车站级综合监控系统，两者共用传输网及服务器、数据库等软硬件平台。此时综合监控系统的监控管理范围加大，车站级和中央级综合监控系统成为车站和中央的全面管理中心，行调、环调、电调、值班主任等调度工作统一工作界面。集成信号 ATS 后的综合监控系统能实现 ATS 原有的上位机监控功能，主要包括监视列车位置信息、列车在轨道发生故障信息、列车到站和离站信息、列车门故障站台门关闭预报警信息、信号系统设备的运作信息等；对列车日常运行进行管理功能，包括扣车、越站、退出服务和停运等；提供对列车日常的辅助功能；通过决策支持系统发出决策控制命令等功能。

以下对两种方案进行比较。

方案一，信号系统相对独立的系统集成模式。该方案保证行车调度系统独立运行，不会因为集成平台出现的问题而受影响。通信系统的 CCTV、广播、调度电话等独立传输，不影响数据通道的带宽，是一种风险较小的集成方案，且与当前我国地铁管理水平相适应。

方案二，集成信号 ATS 的完全集成模式。此方案可提高综合监控系统的集成度，使综合监控系统和信号系统能更加紧密有机地结合在一起协调工作，是地铁整体自动化水平迈上的一个新台阶。

方案一和方案二集成范围、软件平台、调试难度等方面各有不同，是否集成 ATS 受到本地运营的实际需求、投资成本、技术水平、工程周期和工程难度等方面因素影响，应根据本线路的实际情况进行取舍。根据目前西安地铁的实际情况和国内外集成技术水平的发展状况，集成信号 ATS 系统存在以下困难值得注意。

（1）从技术水平和投资成本上来看，目前国内集成 ATS 的实施案例并不多，已经开通的全自动运行线路只有北京地铁燕房线，具备 ATS 功能的国内 ISCS 软件平台还不成熟，潜在的集成商较少，且存在一定风险。若采用国外成熟的具备 ATS 功能的综合监控软件平台，又会造成投资成本大大增加，性价比不高。这与节约整体投资成本的总体目标不一致。

（2）从工程实施难度上来看，由于集成 ATS 系统的前提条件是信号系统必须完全开放协议。目前几大信号系统的潜在供货商的通信协议都基本是专有协议，非国际或行业标准，一般不对外公开。这会导致其开发难度和现场调试难度可能增大，并增加工程风险。

（3）从工程周期控制上来看，如采用集成 ATS 的方案，综合监控与信号系统的接口的开发量增大，这样应用软件整体开发及调试周期必然较长。而根据目前西安地铁建设速度，工期安排较紧，一般给集成商的软件开发及调试的周期不到 1 年。因此软件开发周期与工期安排的不适应性会导致工程难度加大，如处理不好会对全线的正常如期开通造成一定影响。

（4）ATS 与 ISCS 共用传输网、服务器、数据库等软硬件，深度集成后，对运营维护管理模式、运营组织架构将产生较大影响，也会对车站、控制中心土建、风水电等周边条件产生一定影响。

（5）从本次西安第三轮新建线路全自动运行下运营的实际需求上看，综合监控的场景联动功能可以通过与 ATS 在车站和控制中心的数据接口实现。通过控制中心的接口，综合监控系统与信号系统进行必要的双向信息交换，ATS 信息可以有选择地接入综合监控系统，综合监控系统可利用这类 ATS 信息实现一些必要的监控及联动功能，也满足西安新线运营管理的需要。

综合上述，考虑到系统的功能实现、可实施性、工程风险、对运营的影响、工程投资等各方面的因素，推荐西安三期线路综合监控系统采用与信号系统相对独立的集成模式，两者通过数据接口实现信息互联互通，并考虑在顶层实现界面集成。此方案也完全满足全自动运行的需要。

7.2.2　列车车载信息实时监控方案

在全自动运行模式下，须加强中央调度对车辆上影响行车的关键信息进行实时监视，对车载设备远程设置和控制。综合监控平台应能实现调度员远程、实时获取列车运行状态信息，在列车正常运行工况、故障工况或紧急事件情况下，满足中央的调度人员对列车远程监控和管理的需要。因此，综合监控系统须与在线车辆建立起双向的数据接口。

列车上的车载系统一般包括以下几个子系统：车载视频监控系统（TCCTV）、车载乘客信息系统（TPIS）、车辆控制管理系统（TCMS）、无线集群系统（TETRA）、车载信号系统，以及车地无线传输。包含信号系统和通信系统的车地传输网络，近年来多采用 LTE 及 WLAN 技术。

通过上述调研研究，结合国内同类项目的实施案例，各地实现各车载子系统在控制中心实时监控和联动的方式，可归纳为以下 4 种解决方案。

（1）车载各子系统分别通过车地无线接入 ISCS 系统。车载 PIS、车载 CCTV 分别通过通信系统 CCTV、PIS 的车地无线网络上传至本专业的地面服务器，通过通信接口与 ISCS 互联互通；车载 TCMS 系统，通过车载信号系统的车地无线网络上传至地面，通过车站设置的通信接口与 ISCS 互联互通；车载广播和车载电话通过 TETRA 的车地无线落地，并接入 OCC 的 ISCS。北京燕房线采用此方案，系统构成如图 7-2 所示。

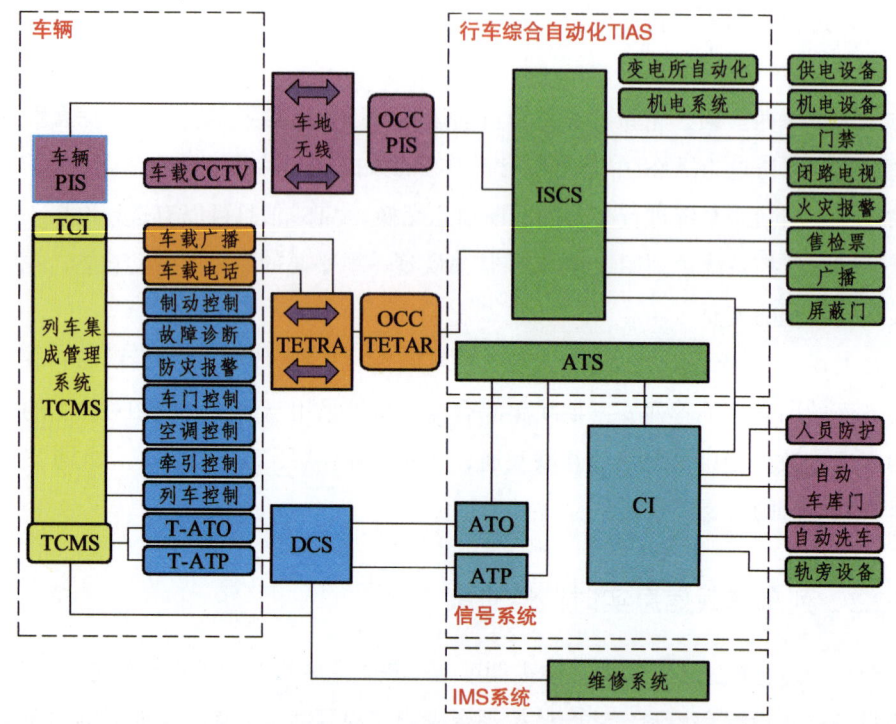

图 7-2　车载信息监控方案 1

（2）将列车上的车载 PIS 系统（含车载 CCTV）控制器与车辆管理系统（TCMS）设置数据接口，并通过 PIS 的车地无线传输，透传至地面 PIS 服务器，通过地面 PIS 与 ISCS 的既有通信接口，实现 ISCS 与列车信息的互联互通。西安、广州等地的新建线路均推荐采用此方案，成都已开通的既有线路和本轮建设的新线将车辆管理系统（TCMS）通过 TETRA 的通道上传至中央的 ISCS，也与此方案类似。如图 7-3 所示。

（3）由车辆在列车上单独设置一套列车监控及管理系统（TCMS），一般由可由车头车尾两台同时工作的冗余热备服务器组成，并与车载闭路电视监控系统（TCCTV）、车载乘客信息系统（TPIS）、车辆管理系统（TCMS）、无线集群系统（TETRA），以及车地无线传输在列车上分别接口，利用车地无线上传至地面 TCMS 服务器，在中央与 ISCS 服务器设置数据接口，实现信息互联互通。厦门 1 号线应用此方案，车辆厂家为中车唐山机车厂，此外还有已开通运营的南京 2 号线及南京 10 号线，均采用法国阿尔斯通的 TCMS 系统。结构如图 7-4 所示。

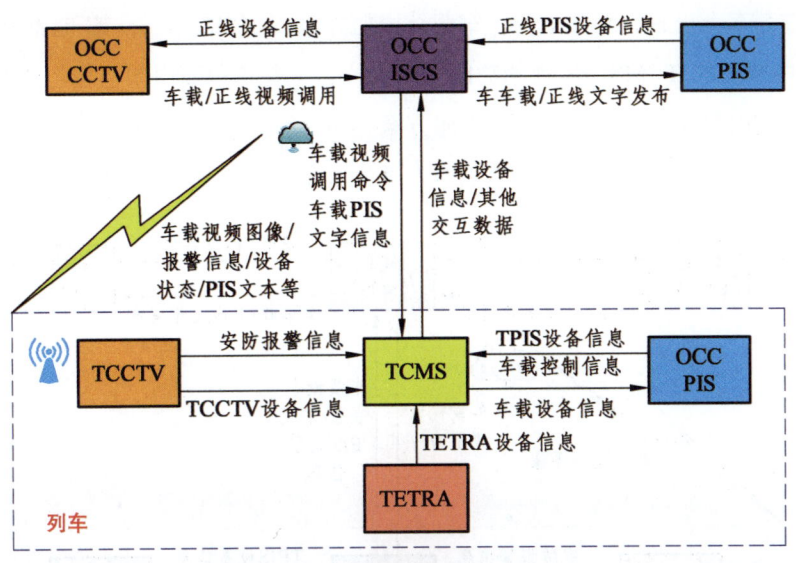

图 7-3　车载信息监控方案 2

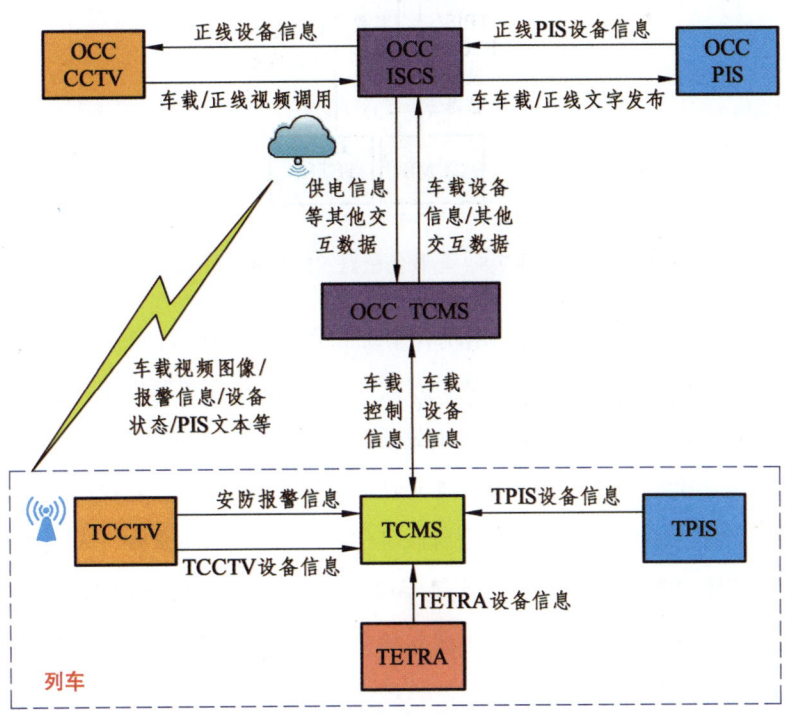

图 7-4　车载信息监控方案 3

（4）在列车上设置一套独立的"车载综合监控系统（TISCS）"，其 TISCS 基本等同于方案 2 中所述的 TCMS，实现的功能完全一样，只是承包商由车辆承包商改为综合监控承包商。国内目前少数几个工程采用此方案，如上海 10 号线，综合监控承包商为南京南瑞集团；成都 9 号线，综合监控承包商为上海宝信。结构如图 7-5 所示。

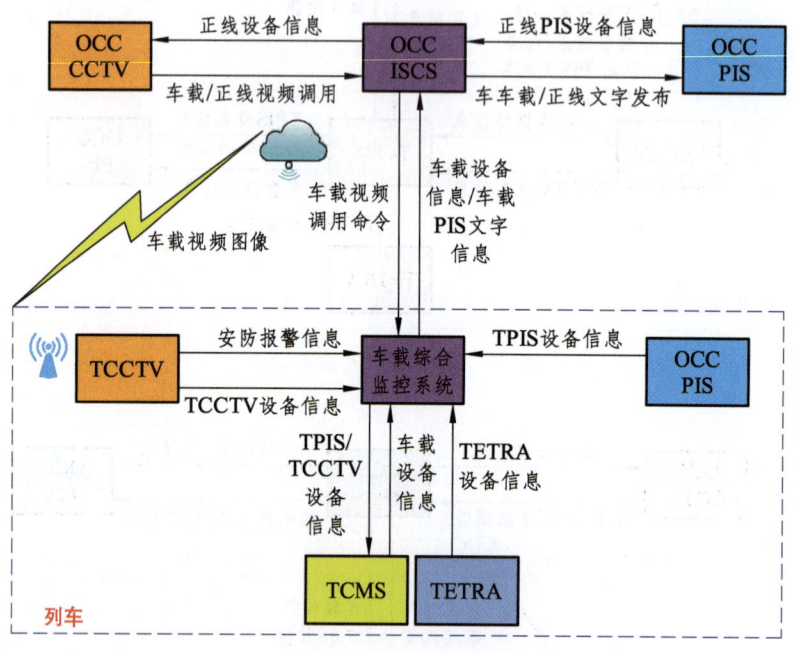

图 7-5　车载信息监控方案 4

方案 1、方案 2 能够最大化地利用既有系统和既有数据接口，系统构成最为简约，且不影响传统的运营组织架构和工作职责。方案 3，由车辆厂在车辆内部设置专用的列车自动化监控和管理系统，用于集成本车的车载子系统，再统一上传更高一级生产管理系统，其接口界面清晰，应用案例广泛，市场技术成熟。方案 4，由综合监控承包商在列车上独立设置车载综合监控系统，此系统与现阶段 TCMS 具备的功能重叠，人为增加了综合监控系统与车辆专业的接口协调难度，实施难度较高，目前具有开通业绩的综合监控系统集成商只有南京南瑞集团一家，目前上海后续全自动运行线路已不采用此方案。

考虑到车辆 TCMS 系统的数据协议较为特殊、接口协调和实施难度、方案经济性，以及后期运营运维等因素，本次课题研究推荐采用方案 3 实现车载信息落地，由车辆专业 TCMS 在列车上与各系统接口，将列车各系统数据汇聚，并通过通信 PIS 专业的车地无线上传至地面，由车辆在地面设置网关服务器，并在 OCC 或车辆段与 ISCS 设置有线通信接口。列车 PIS 及列车 CCTV 的控制信息，通过 ISCS 与地面 PIS、地面 CCTV 的接口实现。

另外，车辆上所产生不影响行车的运行参数信息、设备故障状态等数据，在列车回库后，通过通信专业在场段内设置的专用车地无线传输通道，上传至车辆的智能监测运维平台，此部分方案详见车辆专业及通信专业章节的相关说明。

7.2.3 后备控制中心设置方案

全自动运行（UTO）模式下，OCC 各弱电系统平台及运营管理的集成度更高，综合监控系统、信号系统、通信系统等之间的融合和联动更加紧密，若 OCC 主中心出现问题，不事先统一考虑后备控制中心，各系统的备用和降级模式各自为政，将会对运营产生较大负面影响。经调研，北京燕房线、上海 10 号线已开通的全自动运行线路以及其他拟采用全自动运行的城市均设置了后备中心。

北京燕房线主用控制中心设置在小营集中控制中心内，备用控制中心设置于停车场综合楼内，平时为无人值守。在硬件配置方面，北京燕房线备用控制中心的综合监控系统、信号系统等配置了与主用控制中心完全相同的冗余服务器，与主控制中心形成双活热备冗余，实现行车自动化系统（TIAS）在主备中心的无扰切换。同时北京燕房线还在运用库保留了传统的车辆段 DCC 调度室，内设 3 个岗位，分别是列车调（负责列车唤醒休眠、场内列车调度）、车辆维修调、调度员（负责派班和全自动运行区人员防护）。

上海地铁 10 号线主用控制中心设置在停车场内，控制大厅与车场控制中心 DCC 合设，上海地铁 10 号线备用控制中心与 8 号线控制中心合用，日常情况下，10 号线备用控制中心无人值守，应急情况下由 8 号线中央调度代管。上海 10 号线控制中心调度分为两大类，分别是行车调度类和设备调度类，行车调度岗每班 5 人，一正四副，包括值班主任、两个正线行调和两个场调，且行调和场调工作职能复用，定期轮岗；设备调岗一正两副，为电调、环调和维调各一名，维调兼任信息调度，单独设置乘客调度，平时无专人值守，发生紧急情况时，调度大厅内的任何调度员均有能力处理。同时，在车场运转楼设置车场运转派班室，负责施工请/消点、司机出/退勤办理以及全自动运行区域人员防护。在系统软硬件配置方面，通信、ISCS在主中心设置两台互为冗余的中央级服务器、备中心设置1台中央级服务器，主备中心为双活热备，主备中心可以实现0 s无缝切换。信号系统在备中心配置单套设备，与主用中心冷备冗余，需人工切换，切换时间约10 min。

通过对已开通的北京燕房线、上海10号线的调研情况来看，虽然两条线路均设置了主备控制中心，但运营组织架构包括OCC调度、DCC调度和车场派班人员的岗位职责有较大区别。相比之下，上海的主控制中心设置在场段，与DCC合设，备中心设置在区域集中控制中心，可与其他线路调度员共享，更能体现资源共享和一专多能的管理理念。但上海地铁的做法对运营管理水平、运营人员技术水平均有较高要求。

结合北京和上海的优点，推荐西安三期新建线路主控制中心（含消防、安防）设置在区域集中控制中心内，备用控制中心设置在西安三期新建线路各自的车辆段或停车场内，并与本线车辆段或停车场内的DCC、消防控制室（安防中心）四中心合设，在贴近传统运营组织架构的前提下，尽可能地实现土建、人员、设备的资源共享，实现全自动运行系统"减员增效"的社会经济效益，亦可实现异地灾备的运营管理需求。如图7-6、图7-7所示。

若未来全自动运行线路的运营组织架构满足条件，则运营未来也可考虑将各条线路的车辆段作为主控制中心，以OCC作为后备中心，如目前长鸣路控制中心承载8、10、15号线，则可将多条线路的后备中心共用人力资源，8号线后备中心调度员兼做10、15号线后备中心调度员，实现更进一步资源共享。

系统配置方面，建议综合监控系统、信号系统、通信系统均统一设置主、备系统。后备运营模式下应能实现除部分辅助功能如培训系统、软件测试平台、网络管理系统之外的其余所有正常运营模式下的功能。其中，建议ISCS、ATS在备用中心设置单台后备服务器，可与控制中心的中央实时服务器实现2+1方式的热备冗余，在任意两台服务器宕机的情况下，第3台服务器均可实现全部综合监控系统、ATS中央级功能，并实现0 s切换。通信系统建议在后备控制中心设置无线调度、专用电话、CCTV中央级系统（不含存储）、传输系统的后备系统，保证主中心离线时的关键通信手段的保障。后备控制中心考虑设置液晶拼接屏、各类调度席位，可由ISCS统一负责提供。

第 7 章 全自动运行下各系统方案研究

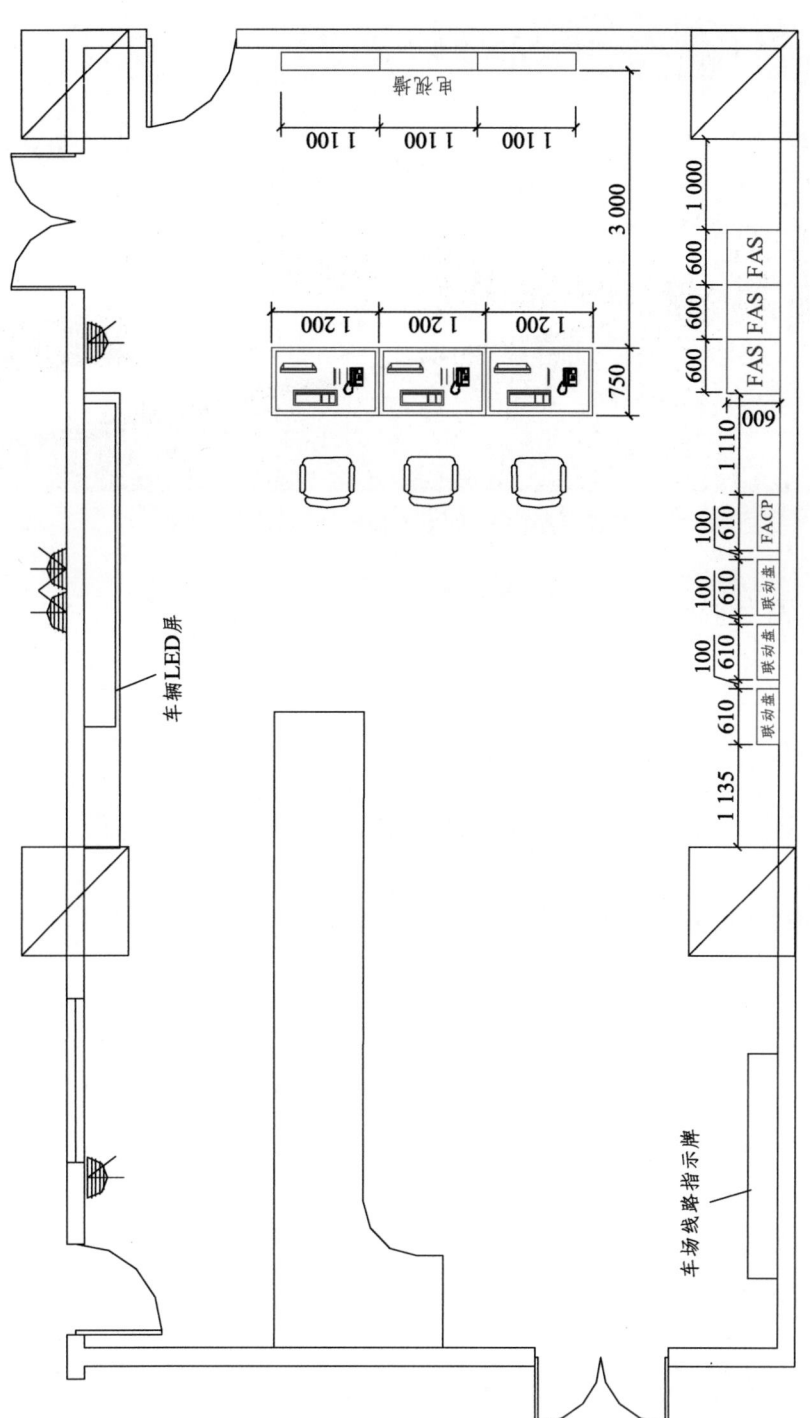

图 7-6 车辆段后备中心、DCC 及消防安防中心工艺布置

图 7-7　车辆段后备中心、DCC 及消防安防中心布置效果

7.3　车辆专业研究

车辆是城市轨道交通系统的运动载体与核心，整个全自动运行轨道交通系统均须始终围绕"如何实现车辆安全、可靠、高效地全自动运行"而展开。全自动运行相比传统驾驶系统，对于车辆的要求主要是提高硬件设备的冗余和可靠性，增加与全自动运行系统相关的驾驶模式和功能，并能将车辆的故障信息上传至控制中心车辆调度。

7.3.1　全自动运行系统列车驾驶模式的变化

（1）STO：列车关门、发车由司机确认启动，列车牵引、制动、停车、开门都由信号系统实现。

（2）UTO：在整个运营过程中都无人参与操作，包括列车在停车场内的运行、洗车等，列车在线路上的运营及列车内部的空调、PIS（乘客信息系统）、照明等系统都可实现无人操作。这意味着列车运营不再需要司机充当驾驶员，而是以乘务员的角色服务乘客以及进行系统故障的应急处理等。

STO 与 UTO 模式的主要区别：STO 模式时，当 ATO（列车自动运行）模块收到发车指令，司机室 HMI（人机界面）上显示提示信息，通知司机按压 ATO 启动按钮，而 UTO 模式时无需司机干预。

7.3.2　全自动运行系统车辆新增配属

采用全自动运行系统后,旅行速度得到了提升,因此,新建各线路车辆的配属数量也相应发生变化。本文暂按照旅行速度较原方案提高 5%~8%,初、近、远期旅行速度提高 2~3 km/h,减少配属车 1 列考虑,具体实施全自动运行的线路结合线路工程参数实际计算为准。对于实际运营采购列车可结合工程实际情况和运营需求确定。

7.3.3　全自动运行系统对车辆功能需求

UTO 与 STO 的主要区别是,原本由司机进行的操作全部转移到 OCC 来进行,因此针对 UTO 模式,全自动运行车辆无论设备配置或者控制、逻辑都采用冗余备份的方案。同时,考虑在车辆设备故障后能够远程控制或自动降级,从硬件和软件方面需进行相关补充或补偿,以保证列车运行安全可靠。下面全自动运行列车特点具体分析全自动运行列车的功能需求。

1. 列车驾驶控制功能

人工模式时,司机操作司控器驾驶列车。STO 模式时,司机根据提示按压 ATO 启动按钮后驾驶列车。UTO 模式时,完全由信号系统根据运行图时刻表控制列车运行。

UTO 系统也实现了列车自动折返,自动折返时列车根据信号系统的移动授权自动确定运行方向,同时自动激活/关闭相对应侧的司机室,实现两驾驶室的转换。

2. 列车自动唤醒功能

每天运营前或有列车插入时,信号系统根据列车运行时刻表给每列车自动分配识别号。当列车两端驾驶室都选择为自动模式,在列车即将发车前 OCC 自动给列车发送唤醒指令,收到唤醒指令后列车车载各子系统执行启动、自检和静态测试等程序。ATC 及各个子系统进行静态自检,TCMS 汇总列车各子系统静态自检情况、列车唤醒工况等信息,将结果发送给信号系统 ATC 及 OCC。若唤醒不成功,OCC 调度员将根据列车相关故障信息人工进行干预;若唤醒成功,则列车可随时运营,等待信号系统发送新指令。在任何时候,OCC 调度员均可远程唤醒列车。

3. 列车自动休眠功能

列车运行服务结束后进入停车场或正线存车线停放。在列车停稳后，为节省能源，UTO 系统将自动启动休眠程序。同时，为保养设备，列车在休眠前，信号系统 ATC 将会给地面列车维护系统发送是否需要下载列车维护信息的提示。在一定时间内，列车将关闭相应的车载子系统，进入列车休眠，休眠后须保证 ATC 系统中的唤醒模块一直带电。

4. 列车停车控制功能

雨雾天或轮缘喷油时，导致停站距离加大或不准，需要信号系统 ATC 重新进行调整停车：比如未到停车点区域（一般为±250 mm）内，列车将采取缓慢跳跃式调整直至对准停车点。若列车越过了 PSD 区域，也可采取缓慢跳跃式调整退行，直至对准停车点。若列车越过站台超过 5 m 或在给定次数的缓慢跳跃式调整后退仍未停准，则列车将直接自动启动行驶到下一车站而越过本站，并自动发送警告至 OCC，同时通过车载 PIS 系统向列车乘客进行广播。

5. 车门/站台门联合控制功能

除具备传统车门/站台门（PSD）控制（如车门联动，开、关门控制外）功能外，列车还具备 UTO 系统的故障应对处理功能，实现站台门滑动门与列车车门对位隔离功能，同时通过车载广播系统通知客室乘客。

6. 后备蠕动功能

在正线运行时，如 ATC 系统发送的牵引/制动指令出现故障或丢失，列车将启动后备蠕动模式运行。OCC 行车调度员确认故障并远程启动后备蠕动模式。在该模式下，列车将以不高于 25 km/h（可设定）速度运行，ATP 系统监督运行速度，超速时列车将紧急制动。当蠕动模式下的列车进入站台并停稳后，司机上车采取人工驾驶方式对位停车，并引导乘客上下车。

当列车运行过程中误启动蠕动模式，如果信号与车辆控制线控制有效，列车将不考虑蠕动模式控制，并向 OCC 发送警告。

7. 广播及数据传输功能

全自动运行系统列车需具有广播、视频、故障数据传输功能。

（1）由于是全自动运行系统，因此采用计划好的广播内容进行全自动播放。同时，OCC也可进行人工广播和紧急广播。客室内设置紧急对讲装置，允许乘客请求与OCC进行实时通信，这些都是全自动运行列车系统特有的功能。

（2）每节车厢内设置4个摄像头，监视客室内情况；头/尾车司机室外或司机室面罩内各设1个摄像头，监视车厢外情况，记录隧道内的图像信息，为紧急疏散或列车故障提供影像资料。这些影像将通过专用无线通道发送给OCC或备用OCC。视频监控系统与车门紧急解锁装置、乘客紧急报警装置、火灾报警系统联动。一旦出现突发状况，视频监控系统自动将影像切换至OCC（或备用OCC），为乘客和OCC工作人员提供即时的现场信息，以便开展相关应急处置工作。列车具备对上述视频监控内容进行自动存储功能，以便后续查阅。

（3）列车将相关状态、故障等信息实时传输给OCC，以便OCC了解列车信息，为列车排查故障及应急反应提供依据。

8. 火灾报警功能

系统火灾是系统的最大危险之一，车厢内部及车辆底部设备区域均装设火灾探测器，可向乘客、OCC发送相关报警信息，协助乘客快速逃生。

9. 障碍物检测功能

列车前端和末尾配有机械障碍物探测装置，这种压力敏感装置可探测列车两端的障碍物，一旦探测到障碍物，会立即触发紧急制动，同时将信息通过TCMS发送至OCC，远期将发展为集成雷达、激光、红外等综合探测手段的非接触式障碍检测系统。

10. 远程控制功能

列车在关键控制电路、设备中都有较多冗余设计，包括一些断路器跳开后可远程实现闭合和断开控制。在发生紧急事件后，若需要疏散，可远程将逃生门打开，让乘客紧急疏散。

11. 自动洗车

洗车机与信号采用硬线接口，用于实现洗车机状态的采集及列车停稳等相关信息传递，实现车辆以设定的模式和速度通过洗车机，完成洗车作业。

12. 在线监测

要实现车辆全自动运行功能，应同时配置必要的车辆智能运维在线监测系统，包括弓网监测系统、转向架监测系统、运行数据在线监测系统等设备。

7.3.4 小 结

全自动运行系统车辆的主要变化如表 7-1 所示。

表 7-1 主要变化

车辆	新增功能	增加车辆自动唤醒、自检、自动休眠的功能
		增加列车状态、故障报警信息上传功能
		增加障碍物检测功能
		增加脱轨检测功能
		增加低压系统恢复供电功能
	增强功能	车辆关键系统具有热备能力，各子系统需要冗余配置
		增强火灾报警功能
		增强车门系统控制功能
		增强电磁兼容性
		头车车钩联挂后具有指令传输功能
		增强列车空转滑行控制与信号系统联动
		增强广播系统自动报站、声音采集、故障检测记录的功能
		司机室操作台增加保护罩，后门、间壁增强为可拆卸方式，客室照明增加为具有感应光照强度功能照明

7.3.5 实施阶段需重点关注的问题

1. 司机室设置方案

由于 STO 模式下车辆需配置司机来完成收发车、车门的启闭（亦可由 ATO 自动完成）、车辆运行监控以及紧急情况处理（包括列车故障诊断、火警/烟雾监测、脱轨检测）等任务，因而 STO 模式下的车辆需设置司机室，并完全与客室隔离，通常配 1~2 个司机，安装司机桌椅。

而 DTO 模式下，车辆为有人值守的全自动运行，值守人员主要负责列车自动运行时紧急情况的处理，不直接干预车辆正常运行，因而司机室设置较灵活，可单独设置，也可在车头驾驶台旁设置值守平台。

根据国内上海 10 号线以及北京燕房线的运营经验，DTO 运营模式仅作为由 STO 到 UTO 运行模式的过渡阶段，最终目标是实现 UTO 运营，因而 DTO 模式下的司机室为临时措施，设置简易司机室和座椅，与客室隔离，待转入 UTO 运行模式后拆成座椅和隔离设施。正在编制的《城市轨道交通全自动运行系统技术规范》亦建议设置开放式司机室，采用简易司机台，设置司机台防护盖。

综上所述，为适应开通初期运营管理规则和系统稳定性，同时为了培养司机或多智能人员的需要，结合第 5 章中"5.2.5 运营生产管理"的论述，推荐西安新线全自动运行的车辆采用设置简易司机室方案，取消司机室侧门，并预留司机室改造的条件。具体实施的线路，可结合线路开通的运营管理模式进行调整，即：开通时按 UTO 模式运营，车辆可按取消司机室方案设计；开通时按 DTO 模式运营，车辆可按设置简易司机室，取消司机室侧门方案进行设计。

另外，当出现列车停在区间，不能运行而又出现火警、恐怖劫持等危急情况时，必须考虑紧急疏散地铁列车的乘客。一般有两种疏散方式：列车端门疏散和列车侧门疏散。端门疏散速度慢，当通道中间出现堵塞时有可能不利于疏散，但是不影响限界，不增加工程量。侧门疏散速度快，不会出现车内堵塞，但是要修建侧面疏散平台，增加工程量。根据《地铁设计防火规范》(GB 51298—2019) 第 5.4.1 条"载客运营轨道区的道床面应平整、连续、无障碍物，并应满足人员疏散行走的要求"及第 5.4.6 条"…行驶于地下区间的列车的车头和车尾节应设置疏散门，各节车厢之间应贯通"的要求，结合西安既有线路疏散情况，建议列车设置端部逃生门，区间同时设置疏散平台的疏散方式。

(1) 司机眼系统。

司机室前后配置高清摄像头，可将列车前进方向画面储存并发送至 OCC。列车侧面安装一定数量摄像头用于监视车门和站台门之间异物、人员的情况。如图 7-8 所示。

(2) 司机室方案。

驾驶列车投入运营将经历"有人驾驶—有人值乘的无人驾驶—无人驾驶"的过程，司机室方案可预留相应改造条件。

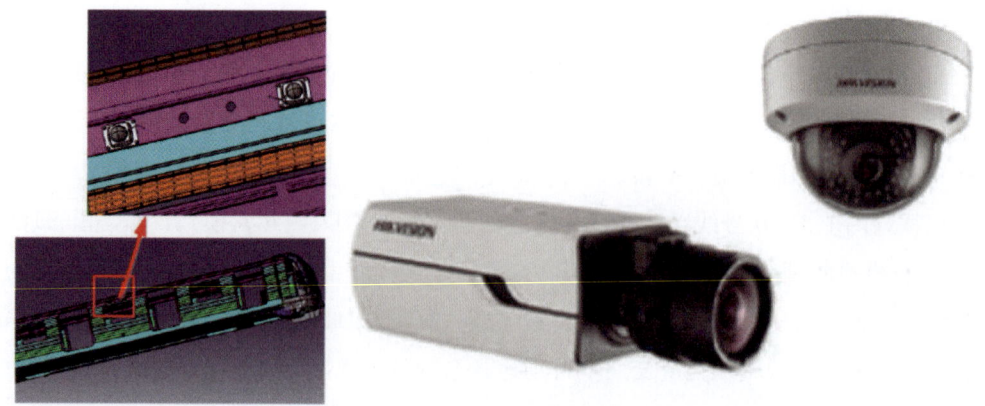

图 7-8　司机眼系统

① 有人驾驶模式。

需给司机提供与客室隔离的驾驶环境以及车辆驾驶的相关操控设备。驾驶台、司机室隔间门，均与有人驾驶车辆配置基本相同。不单独设置司机室侧门，司机瞭望通过侧面摄像头。

② 无人驾驶模式。

设置对乘客开放司机室，故需拆除司机室隔墙，将所有驾驶相关的设备使用罩板封闭（监控罩板的开闭状态，与 CCTV 联动），司机室区域相应位置设扶手。并对列车前端电气柜进行优化。

2. 其他重点问题

（1）车辆采用全自动运行时，增加一套以太网，以应对全自动运行条件下，车地间大数据量传输的需要。该以太网络用于车辆非关键数据，如一、二、三类故障数据、环境数据、TCMS 信息等利用 PIS 的车地通信通道实时传输，或者地面对车辆数据的实时访问等，与行车调度相关的关键数据利用基于 LTE 的车地通信网络传输；弓网检测、电客车在线监测以及转向架在线监测等数据可在回库后利用段场内网络上传至车辆的智能监测运维平台；同时增加了视频监控及火灾报警等接口及管线，对信号的带宽容量提出更高要求，与常规模式不同，具体方案详见本章"7.2 多专业协同关键方案研究"章节。

（2）采用全自动运行，车辆自动开关门，为应对大客流量的情况，车门外应考虑防夹措施或夹人检测系统与车辆互联，以避免乘客被夹或者影响运营效率。

（3）根据全自动运行的需求和信号接口的需求优化 TCMS 控制软件架构。

（4）列车障碍物检测技术主要为接触式装置，一旦探测到障碍物，会立即触发紧急制动，同时将信息通过 TCMS 发送至 OCC。非接触式障碍检测系统技术尚未成熟，如雷达、激光、红外、视频分析等综合探测手段还在探索中，需进一步跟踪。

（5）列车运行完全依靠信号控制，因此车辆及信号系统必须均采用高可靠、高安全及高冗余设计，需要更高的列车定位精度以及实时的列车运行控制命令和设备状况报告，同时要求 ATC 车载与轨旁设备之间能双向高容量通信。

（6）技术在国外已趋于成熟，但若发生一些设备故障或突发事件，后续处理依然存在一些缺陷，仍需要更完备的运营规则和处理准则。例如，在运行过程中出现制动设备故障或车门故障，若依然需要牵引，将存在一定的安全隐患，该如何正确处理？大客流高峰期时，人员结构复杂，造成车门故障，将如何操作？等。由于国内全自动运行技术尚处于起步阶段，因此相关的运营制度、规范等仍需完善。

7.4　信号系统研究

全自动运行相比传统驾驶系统，对信号系统的要求主要是提高硬件设备的冗余和可靠性，增加与全自动运行系统相关的驾驶模式和功能，增强与综合监控、站台门等系统的接口功能，增加与车辆段洗车机的自动洗车功能。

7.4.1　全自动运行系统信号系统新增功能需求

信号系统全自动运行模式较传统 STO 模式上新增的功能梳理如下。

1. 列车的休眠和唤醒

ATS 应具备根据计划自动或人工向停车库线/正线停车线上的列车车载设备下发休眠控制命令，并监测休眠状态的功能。ATS 应判断列车具备休眠条件后，ATS 自动或提示人工向列车发送休眠命令。ATS 对列车的休眠状态进行管理，休眠不成功时应具备报警提示功能。

ATS 应具备根据计划自动或人工向停车库线/正线停车线上的列车车载设备下发唤醒控制命令，并监测唤醒状态的功能。ATS 需在发车计划时间提前一定时间下发唤醒指令。ATS 应能够对列车的唤醒状态进行管理，唤醒状态信息需在中心工作站上显示。ATS 须具备远程人工对多列或全部列车同时发送唤醒指令的功能。

2. 列车清客

全自动运行模式下，列车到达终到站，站内、车辆广播提醒乘客下车及不能上车。停站未清客完成期间，车载信号设备保持车门打开，在进行清客确认后，系统自动关闭车门和站台门。列车根据移动授权，以全自动运行模式自动运行至转换轨后，信号系统自动向列车发送"停止正线服务"指令。

在车站站台门两端处和车站控制室 IBP 盘上设置关门按钮，以实现清客确认和车门关闭功能。

ATS 具备设置和取消清客站台的功能。ATS 具备对指定列车发送远程清客确认指令的功能，车载信号设备收到中心远程清客确认后发送关门指令。

3. 自动洗车

联锁应与洗车机采用硬线接口，用于实现洗车机状态的采集及列车停稳等相关信息传递，实现车辆以设定的模式和速度通过洗车机，完成洗车作业。

4. ATS 对列车的远程控制功能

ATS 应能根据时刻表自动向列车下发换端指令，并提供调度员人工下发换端指令的功能。

ATS 具备向列车车载设备发送紧急制动/常用制动命令的功能。紧急制动/常用制动命令可针对单车或全线列车下达。

针对远程紧急制动的列车，列车停车后，ATS 具备远程将导致紧急制动的条件缓解。紧急制动缓解方式包括自动缓解、远程人工确认缓解和司机人工缓解。

当列车在车站站台内，ATS 具备远程发送开关门指令的功能，进行远程开关门作业。

ATS 系统具备发送车载 ATP/ATO 设备的远程复位指令的功能。

ATS 系统具备远程授权/取消授权列车全自动运行模式运行的功能。

5. 对位隔离

实现车门与站台门故障对位锁定功能。即：当列车个别车门故障隔离后，本列车停站时对应的站台门应能保持锁闭不参与停站的开、关门作业。相应地，当车站个别站台门故障或被人工锁闭隔离后，停该侧站台的所有列车相对应的车门也保持锁闭，不参与停站的开、关门作业。

6. 全自动折返

信号系统应具备折返站全自动运行折返的功能。车载信号设备根据移动授权及 ATS 指令，自动驾驶列车从到达站台运行进入和折出折返线，最后进入发车站台自动打开车门和站台门。

7. 蠕动驾驶（CAM）模式功能

在车辆网络出现故障，或车辆与车载信号设备通信故障时，将采用此模式应急运行方式。经由中心人工确认后，信号系统启动蠕动模式。列车以蠕动模式运行时，ATP 监控列车以不超过 25 km/h（可设定）的速度全自动运行，当列车以蠕动模式进站自动停车后，ATP 将输出紧急制动命令以防止列车移动，并打开车门等待人工处理。

8. 列车停准自动调整功能

列车自动运行到车站停稳，并满足停车精度要求后，ATO 子系统自动发出车门及站台门开门命令。列车进站停车时如停车误差超出了停车精度范围，则 ATO 子系统不应发出车门及站台门开门命令。若列车进站停车过标或欠标不大于 5 m（可设定），ATO 子系统应再次启动列车进行对位调整，若调整到位，ATO 子系统自动发出车门及站台门开门命令。如果列车经过 N 次（可设定）调整后仍不能停车到位，车载信号设备应向中心进行报警，由人工远程介入进行控制或直接运行至下一站。若列车进站停车过标大于 5 m（可设定），车载信号设备应向中心进行报警，由人工远程介入进行控制或直接运行至下一站。

9. 工况及鸣笛管理

信号系统可根据列车位置及状态配置相应工况实现对列车空调、照明等的管理。工况包括场内运行、进入正线服务、退出正线服务、待命、清扫、洗车等。信号系统也可根据列车运行情况触发车辆鸣笛。

10. 与人员防护开关联动

联锁应与车站及车辆段/停车场内设置的人员防护开关接口，采集人员防护开关的状态，并驱动人员防护开关表示灯，人员防护开关的状态纳入联锁进路检查条件。工作人员通过人员防护开关实施封闭区域后，联锁不允许办理经由该封锁区域的列车及调车进路，对于已办理的进路应立即关闭相应信号，并将封锁区域的信息发送至轨旁 ATP 设备及 ATS 设备。

11. 与车辆的联动

车载信号设备实时监督车辆相关设备的工作状态，对车辆制动力丢失、检测到障碍物、车辆紧急手柄拉下、火灾等影响列车运行安全的异常情况进行防护。信号 ATP/ATO 设备对于列车运行过程中的不同紧急情况应采取相应的处置措施，包括控制列车紧急制动、控制列车至相邻安全位置停车（站台或设定的区间疏散平台）、控制列车常用制动停车。

7.4.2 全自动运行系统信号新增配置

信号系统由于采用全自动运行增加的设备配置主要包括

（1）在车站站台门两端处和车站控制室 IBP 盘上增设关门按钮，以实现清客确认和车门关闭的功能。

（2）正线停车线、车辆段/停车场停车列检库增设精确停车应答器，并配置列车在停车线休眠唤醒后的静止列车定位应答器或相关定位设备；此外，还可结合工程实际应用和运营需求，在交路折返站配置列车休眠唤醒后的静止列车定位应答器或相关定位设备。

（3）车载 ATC 设备增设休眠唤醒模块，并增设车载 ATC 与车辆之间的冗余接口。

（4）车辆段/停车场增设 ZC 区域控制器设备，全自动运行区增加无线传输设备。

（5）信号系统增设与车辆段/停车场洗车机的接口。

（6）信号系统增设与正线、车辆段/停车场人员防护开关（SPKS）的接口。

（7）车载设备主要包括车载 ATP/ATO 计算机、车载操作显示单元（DMI）、列车休眠唤醒设备、车载辅助驾驶设备、测速装置、车地通信设备和应答器天线等。车载 ATP/ATO 设备、测速装置、车地通信设备应采用冗余配置。车载信号设备的外挂设备（无线天线、应答器天线、速度传感器、雷达等）应具备冗余功能。具体的冗余配置结合系统集成商的系统架构确定。

7.4.3 全自动运行系统信号系统新增驾驶模式

全自动运行信号系统新增驾驶模式主要包括全自动运行模式（FAO）和蠕动驾驶模式（CAM）。

1. 全自动运行模式（FAO）

在"FAM 模式"下，列车的启动、加速、巡航、惰行、制动、精确停车、自动开关门、唤醒、休眠、自动洗车、清扫、出/入库、投入/退出运营、对位调整等功能由信号车载设备自动控制。

2. 蠕动驾驶模式（CAM）

在车辆网络出现故障，或车辆与车载信号设备通信故障时，将采用此模式作为 FAM 模式的应急运行方式。经由中心人工确认后，信号系统启动蠕动模式。列车以蠕动模式运行时，ATP 监控列车以不超过 25 km/h（可设定）的速度全自动运行，当列车以蠕动模式进站自动停车后，ATP 将输出紧急制动命令以防止列车移动，并打开车门等待人工处理。

3. 雨雪模式

对于有高架区段的线路，列车运行受天气等自然环境条件影响较大，在雨雪等自然条件的影响下，当一定时间内超过 40%（暂定）的正线运营列车在不同区域多次出现转向架空转和滑行状态时即触发雨雪模式。

系统根据雨雪模式的触发条件，在行调工作站提供"确认现场情况是否采用雨雪模式行车"的提示，行调与现场综合站务员联系，明确情况后确认并设置全线列车均采用雨雪模式，中心行调根据天气情况为全线设置临时限速。

全自动运行模式下，车载信号设备收到中心的雨雪模式指令时，实施常用制动停车，进入雨雪模式运行。雨雪模式时，车载信号设备限制最大牵引和最大制动的输出。

当全线列车进入雨雪模式后，系统判断仍出现转向架空转和滑行状态，自动在行调工作站提供"确认现场情况是否退出全自动运行模式运行"的提示，确认后转为人工驾驶模式，由人工保证安全。

4. 远程限制人工驾驶模式（FRM 模式）

当列车失去定位时，由控制中心调度员通过远程限制人工驾驶模式将故障列车推送至前方车站，再进行进步处理。对于 FRM 模式的应用，具体实施线路可根据运营需求进行进一步研究落实。

7.4.4　全自动运行系统信号新增接口

1. 与站台门系统接口

信号与站台门系统采用继电器和网络接口，实现信号对站台门的开关控制，具体如下。

信号系统提供站台门的开、关控制信号；站台门系统向信号系统提供全部门关闭且锁紧状态信息和互锁解除信息。信号系统向站台门系统发送的开、关门信息为脉冲信号。

信号系统与站台门互传个别故障车门/站台门信息，用于实现车门与站台门故障对位隔离功能。

与站台门系统接口界面在车站站台门系统设备室中央控制盘出线端。

2. 与车辆接口

1）信号车载设备安装

信号系统负责提供信号车载设备的规格及安装要求，车辆提供安装空间并负责安装，双方配合完成信号车载设备的安装。

2）车载设备电源和接地

车辆提供 DC 110 V 电源。电源内干扰信号不超过 IEC 标准的规定要求。

车辆专业为信号车载设备提供靠近信号设备的接地点，须为独立的保护地和工作地。

3）信号与车辆接口信息

信号与车辆间安全信息传递采用继电器接口，应符合故障-安全的原则。信号与车辆间非安全信息的传递采用数据接口或继电器接口方式。

信号与车辆接口的输入输出信息主要包括驾驶室激活状态、司机钥匙激活、列车完整性、车门关闭且锁闭指示、牵引已切除（牵引允许反馈）、车辆已实施紧急制动、保持制动已实施、手柄位置、信号相关按钮状态等信息；紧急制动输出、常用制动输出、牵引切断输出、左/右车门解锁、列车零速输出、运行方向、牵引力大小、制动施加或缓解、车门控制、驾驶模式信息、全自动运行列车测试指令及状态信息、休眠指令、唤醒指令、跳跃指令、车辆状态及故障信息、远程控制指令等。

与安全相关的信息通过 LTE 传输，非安全相关的信息通过 PIS 通道传输。

3. 与洗车机的接口

信号系统与洗车机的接口功能：

（1）洗车机提供"洗车准备就绪"状态信息后，由车辆段/停车场行车调度员根据洗车机提供的状态信息（洗车机检查正常），为待洗列车设定目的地码或人工办理进路。

（2）列车运行至洗车库前停车，信号系统向洗车机发送"洗车请求"。

（3）洗车机收到"洗车请求"信息后，回复"洗车确认"信息。

（4）信号系统收到"洗车确认"信息后，自动控制列车进入洗车库。

（5）列车进入指定位置并停稳后，信号系统向洗车机汇报停稳信息。

（6）洗车机完成洗车作业后，向信号系统发送列车移动指令。

（7）信号系统接收到列车移动指令后，控制列车运行，驶出洗车库。

（8）洗车过程中，信号系统控制列车恒速运行（车速为 3~5 km/h）。

（9）洗车过程中，洗车机在故障或人工按下紧急停车按钮时，洗车机向信号系统发出紧急停机指令，信号系统控制列车实施紧急制动。

4. 对土建新增要求

为实现全自动运行功能，信号系统对土建新增要求如下。

（1）车辆段/停车场内的全自动运行区和非全自动运行区设置防护围栏，停车列检库应设在全自动运行区域内。

（2）车辆段、停车场信号防护分区将根据车辆段工艺专业统一划分确定。车辆段工艺、供电、门禁、信号、土建防护分区的划分应保持一致。

（3）车辆段/停车场全自动运行区与非全自动运行区功能相对独立，不宜间隔设置，防止作业干扰。

（4）洗车线应设置在全自动运行区域，禁止到洗车线间存在非全自动运行区，并应减少不必要的折返调车作业，提高运行效率。

（5）车辆段/停车场全自动运行区和非全自动运行区之间的转换轨的设置应有利于列车由停车列检库运行至转换轨等自动化作业，减少折返进路。

（6）停车列检库2列位的两停靠列车之间的距离应不小于20 m；库尾车钩距车挡应不小于15 m 的安全保护距离（不含车挡）。

7.4.5 小　结

全自动运行系统信号系统主要变化如表 7-2 所示。

表 7-2　主要变化

系统	类别	内容
信号系统	新增功能	车辆段全自动运行系统与正线一致
		静止情况下列车位置确定
		具有自动洗车模式，配合车辆段工艺专业实现；车库门联动
	增强功能	信号系统采用完整的ATC，各子系统均需要冗余；测速及定位设备头尾冗余
		具有自诊断及中央远程监督控制功能
		增强列车自动折返功能
		增强列车驾驶模式：全自动运行模式、蠕动模式及常规地铁运行模式
		停车对位自动调整
		站台门、车门对位隔离
		增强应急运行模式（CAM模式）
		增强列车工况管理：唤醒、调车、正线服务、待命、清洁、洗车、休眠等

7.4.6　实施阶段需重点关注的问题

全自动运行对信号系统的安全性、可靠性要求更高，根据本章的方案研究，信号单独承建基于LTE的车地通信传输网用于信号及调度业务传输。

针对车辆段全自动运行区域停车列检库设置了库门的全自动车辆段，建议将库门开/关状态纳入联锁系统，且需要库门的可靠性和安全等级；同时，库门还须具备故障情况下解除联锁的功能。

国内全自动运行线路较少，成熟经验还有所欠缺，同时信号系统增加了很多新功能、新需求，因此，信号系统调试时间会有所增加。

7.5　综合监控系统研究

7.5.1　全自动运行综合监控系统新增功能需求

综合监控（ISCS）的主要目的是用系统化方法以集成、互联的方式将轨道交通各控制系统联结为一个有机的整体，纳入统一的信息管理平台，实现轨道交通各专业系统之间的信息互通、资源共享，全自动运行模式的建设，对综合监控的建设提出更高的要求，提高各系统的协调配合能力，高效实现系统间的联动，提高轨道交通全线的整体自动化水平。

全自动运行特别是 UTO 模式的全自动运行模式下，大量的车辆操控由中心的调度人员实现，需要更高集成度的调度指挥系统，更丰富的联动功能，实现全线的统一调度管理；同时应具有相应的安全性、可靠性，GOA4 等级可实现 STO-DTO-UTO 无缝切换，为全自动运行提供支持。

西安新建线路按照全自动运行 UTO 等级进行建设，对 ISCS 的建设提出更新的要求，总体需求如下。

1. 总体功能需求

（1）为实现全自动运营，系统控制策略需要从以电力调度为控制核心，逐渐转变为以行车调度为控制核心，为运营提供更安全、可靠的服务。

（2）为全自动运营调度提供更高水平的自动化控制服务。

（3）为提高全自动运营的可靠性，综合监控系统需要提高外围各专业的联动协作能力。

（4）在全自动运营下，需要加强 OCC 远程监控功能，综合监控系统应具有更高的集成化监控能力。综合监控系统需建立统一的软件平台、硬件平台，为各专业提供统一的操作界面，方便调度员在同一平台上操作。

2. 系统服务对象

地铁运营部门从功能上可划分为行车调度运营管理和设备维护管理两大部分。行车调度运营管理人员主要包括控制中心的各调度人员和车站值班工作人员。设备维护管理人员包括设备维修人员及综合监控系统维护管理人员。综合监控系统应为方便以上运营工作人员的日常工作而设置。

行车调度运营管理人员的工作主要是为乘客服务，保证地铁正常安全运营，其关心的重点是与行车安全有关和与旅客有关的运营信息。为监控和处理全线的设备、乘客、环境等重要信息，对全线发布指挥调度命令，应在控制中心设置各调度人员，按照监控职责范围区分，包括中心行车调度、中心环境（防灾）调度、中心电力调度、中心值班主任和中心维修调度，在全自动运行下，OCC 还需新增中心车辆调度和乘客调度。

（1）行车调度的监控范围是全线列车运行状况及行车安全相关信息。

（2）乘客调度的监控范围是全线车站客运组织的管理，协调指挥行车事故的处置，远程服务乘客。

（3）车辆调度是将原 DCC 的车辆调度员的工作职责复示在 OCC，负责车辆检修计划安排和调度工作。

（4）电力调度的监控范围为全线供电系统的运行情况。

（5）环境（防灾）调度的监控范围为环境和防灾相关的机电系统的运行状况。

（6）维修调度的监控范围主要是全线的重大设备工作/故障状况。

（7）值班主任可以监视全线所有被监控对象，但不具备对被监控对象的控制权。

（8）车站及车辆段设值班员和值班站长，负责管辖范围内的设备、乘客、环境等信息的监控管理，接受中央级的指挥，向管辖区发布调度命令。

（9）设备维修人员的主要工作是对运行的设备进行检修和保养，为正常运营提供强有力的保障，其关心设备的故障信息、设备运作累计时间、备品备件的数量等维修信息。

（10）系统维护人员主要为系统工程师等高级管理人员，负责对综合监控系统的配置修改、网络设备维护、软件更新、系统调试等工作。

3. 全自动运行 ISCS 新增功能

（1）加强对车辆信息进行监视，对车载设备远程设置和控制。

监视与行车安全直接相关的车辆运行状态信息和车辆故障信息，以及车辆火灾信息，由车载 TCMS 将车辆运行基本信息（含列车运行状态、牵引系统状态、空调系统状态、制动系统状态、辅助电压系统状态、障碍物检测及脱轨检测装置状态、低压空气断路器状态）和故障数据进行汇总上传至中心，在 TCMS 中央级与 ISCS 做接口，将相关信息进行统一监视管理。TCMS 对车辆故障报警信息进行分类，列车故障的应急处理也相应地转移到中央，对影响列车运行安全的报警信息由中心调度员采取有效措施。

另外，在全自动运营模式下，通过 ISCS 与 TCMS 的接口，ISCS 能对车辆及车载设备进行远程参数设置控制，OCC 行车调度需要对车辆设备进行远程控制，其中包括列车广播远程初始化、远程空调控制、远程低压断路器、远程隔离、旁路控制等。

（2）增加 OCC 对车辆内广播的控制。

在全自动运行模式下，OCC 需代替司机对车厢内进行语音广播，由 ISCS 负责对车载广播进行控制操作；通过乘客对讲，可实现乘客启动车内报警信号联动，并能报出列车车次号，列车位置等信息。

（3）增加对车辆段视频监控（CCTV）设备联动控制功能。

在车辆段全自动运行区进行车辆出库、调车作业、自动洗车等操作过程中，车辆段调度中心可通过ISCS调看CCTV监视画图，辅助调度员观察车辆的动作过程。如车辆段不设置调度中心，OCC调度员则进行统一调度。

（4）增加对车辆段广播（PA）设备联动控制功能。

在车辆段全自动运行区进行车辆出库、调车作业、自动洗车等操作过程中，在车辆动作前，可对现场人工进行广播提示。

（5）在应急情况下可以远程手动控制列车门开启。

车辆在区间内发生灾害不能行进时，可采用就地疏散原则，控制中心可远程解锁疏散门，乘客也可现场根据提示人工开启，乘客可以从车辆中疏散。

（6）增加对区间广播的联动控制功能。

在区间发生火灾时，车辆在区间内发生灾害不能行进时，需采取就地疏散原则，控制中心OCC可对区间广播进行远程区域控制，辅助救灾。

（7）增加UTO联动场景。

为提高自动化控制水平，ISCS需要根据行车需要，增加更多的自动联动模式，为UTO运营调度提供更高水平的自动化控制服务。

如出现进站期间列车发生火灾的情况，ISCS控制列车打开车门，进行疏散乘客，执行隧道排烟模式，提示行调设置调停。

如车辆在区间运行时发生火灾，车辆TCMS将报警信号传给ISCS，由ISCS通过CCTV确认现场火灾情况。如确实有火灾，行调向车载TCMS发送火灾确认信息，由TCMS触发联动预录制广播对列车进行广播。如通过CCCTV未发现出现紧急情况，远程向TCMS发送FAS复位命令。列车通过中心确认发车。

（8）提高ISCS系统可靠性，增加后备控制中心功能。

为提高UTO运营的可靠性，ISCS需要提高外围各专业的联动协作能力，对电力、机电设备、广播、视频监控、乘客信息、防灾等系统，以行车为核心进行联动控制，在正常模式、故障模式、灾害模式、维修模式下，提供可靠的自动化服务。

（9）门禁系统增强。

为提高全自动运行的安全性，车站、车辆段和停车场分为全自动运行区和非全自动运行区。在全自动运行区和非全自动运行区分隔处，通过设置门禁系统进行隔离，实现人员出入的管理和控制，只有经过门禁授权的门禁卡持有人才能进入全自动运行区内，且该门禁点按照二级防护设置门禁。在车辆段、停车场当人员从有人区刷卡进入全自动运行区时，门禁与CCTV联动抓拍进入人员图像，图像可进行回调查看；车站分隔非全自动运行区和全自动运行区的门禁系统增加与信号系统的联动功能，增强该处门禁点异常报警联动功能。

7.5.2　全自动运行综合监控系统实施方案

全自动运行线路的综合监控系统工程仍采用传统的两级管理三级控制的分层分布式结构，主要由位于控制中心的中央级综合监控系统（CISCS）和网络管理系统（NMS）、位于车站、车辆段的车站级综合监控系统（SISCS），位于车辆段的培训管理系统（TCMS）、维修管理系统（MMS）及软件测试平台（STP）、位于车辆段的后备控制中心等组成。具体构成与传统综合监控系统类似，下文介绍全自动运行下综合监控特别需要说明的实施方案。

1. ISCS与ATS的集成互联方案

根据本章"7.2 多专业协同关键方案研究"，推荐西安新线综合监控系统在集成范围上采用信号系统相对独立的集成模式（中央互联），并由综合监控系统在顶层界面集成ATS相关的功能以全自动运行下的联动功能，实现界面集成。因此，综合监控系统在软硬件部署上仍可采用经典方案，中央独立设置冗余的实时及历史服务器，车站、车辆段设置冗余的站级服务器，并合用通信的骨干网络。

2. 列车车载信息监控集成互联方案

根据方案研究，推荐西安新线采用方案3实现车载信息落地，由车辆专业TCMS在列车上与各系统接口，将列车各系统数据汇聚，并通过通信专业的车地无线上传至地面，由车辆在地面设置网关服务器，并在OCC或车辆段与ISCS设置有线通信接口。列车PIS及列车CCTV的控制信息，通过ISCS与地面PIS、地面CCTV的接口实现。

3. 后备控制中心的设置方案

根据方案研究，推荐西安新线在车辆段设置后备控制中心，并与消防控制中心、安防控制中心及DCC合设。综合监控系统根据此推荐方案，将在后备控制中心设置1台ISCS后备中央级服务器、液晶拼接屏（做大屏幕使用）以及若干调度员工作站。其中，ISCS后备中央级服务器可与控制中心的中央实时服务器实现双活，在任两台服务器宕机的情况下，第3台服务器仍可实现全部综合监控系统中央级功能，并实现0s切换。

综合监控系统、信号系统、通信系统均在车辆段设置后备系统，综合监控系统后备运营模式能够进行正常的监控管理。车辆段后备控制中心监管着全线各车站、各有关系统的运作情况，综合监控系统后备运营模式应能实现除部分辅助功能如培训系统、软件测试平台、网络管理系统之外的其余所有正常运营模式下的功能。

4. 综合监控实现全自动场景联动功能

综合监控系统应能与信号系统数据互联互通，通过集成的一体化人机界面，实现预定义的联动场景的自动执行。全自动运行下，列车的预定义的联动场景包含全自动运行线路的运营场景应包括正常运营场景、故障运营场景和应急运营场景，详见本书第6章。这些联动场景需要ISCS与ATS协作完成，并可在ATS的人机界面上进行统一操作和实现。

根据联动执行方式的不同，ISCS系统联动执行可分为自动执行、半自动执行以及手动执行3种。

（1）自动执行。

ISCS系统在满足联动执行条件或者接收到ATS命令转发请求时，自动发送相关的控制命令到需要联动的接口系统而无需人员干涉。

（2）半自动执行。

ISCS系统在满足联动执行条件后，将在HMI上发出信息提示操作员，操作员确认执行后，ISCS系统才会向需要联动的系统发出控制指令。

（3）手动执行。

在联动未被触发时，操作员可以人工启动一组涉及多个系统的顺序控制序列，系统自动按照顺序和闭锁条件向不同的系统发布。

ISCS系统提供在线自定义联动的功能，允许操作员自定义联动动作、配置联动定义、设置联动触发条件，以及设置联动执行的方式。

联动功能将部署在中心、备用中心、车站的操作员站上。中心操作员站可以执行和管理中心相关的联动功能，车站操作员站仅能执行和管理本站相关的联动功能。联动功能服务器端软件将分别部署到中心、备用中心、车站服务器,并以实时库服务组件的形式存在。联动执行原理如图 7-9 所示。

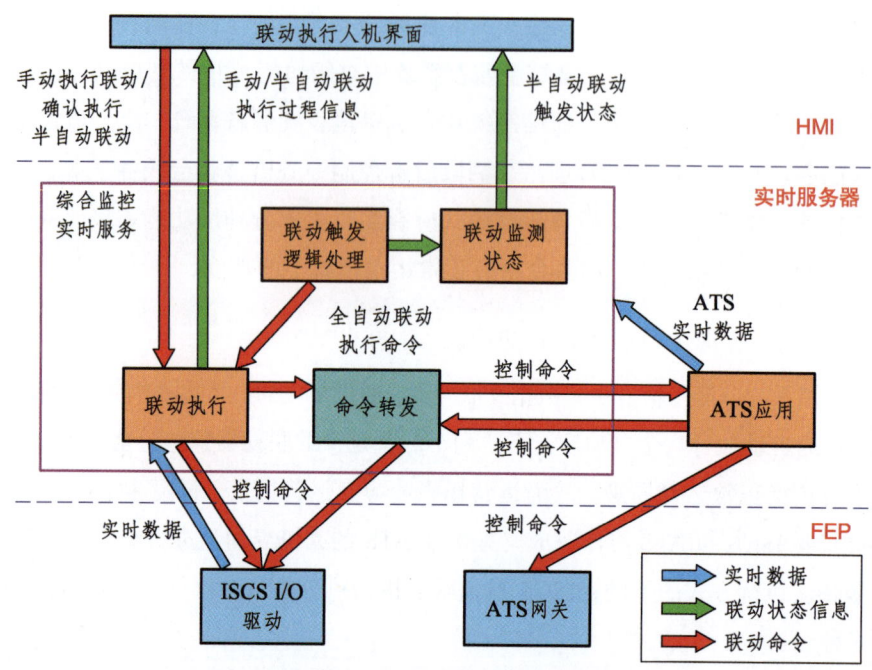

图 7-9　ISCS 实现全自动运行联动功能原理

西安三期新建全自动运行线路的综合监控系统(ISCS)以及列车自动监控系统(ATS)底层将相对独立,采用数据接口进行互联,顶层人机界面由 ATS 进行界面集成,同时 ISCS 保留本专业的工作站。全自动运行下,部分列车的预定义的联动场景按其联动的内容,在同时涉及综合监控系统(ISCS)以及行车自动化监察系统(ATS)的不同于系统实时服务器中完成联动模式,或者由不同专业业务间的数据接口,完成复杂的联动场景。

如早间上电、区间疏散、车站火灾等联动场景,均由 ISCS 的 SCADA 业务实现对 PSCADA、BAS、CCTV、PIS、PA 等子系统的监控和联动功能。唤醒、回库、清扫、洗车等联动场景,由 ATS 业务实现其联动场景。另外一类如出库、列车进站、清客、跳停、扣车等复杂联动,需要 ISCS 与 ATS 共同实现,以清客联动场景为例,清客指令由 ATS 负责判断后发出,由 ISCS 的 SCADA 业务实现其他子系统的联动功能。以下是全自动运行下清客场景的场景描述。

(1)当确定列车掉线(列车故障包括制动故障列车、空调/电热故障、车载火灾报警故障、车门故障、信号系统故障）后，在乘客调工作站给出提示：在该列车将到达的下一站台设置临时清客。调度人员确认后，自动在相应站台设置临时清客。

（2）车载控制器 VOBC 根据电子地图在折返站和终到站（含人工设置临时清客站台）停车后，车载控制器 VOBC 向车辆控制管理系统 TCMS 发送清客工况指令。

（3）停站未清客完成期间，车载 VOBC 通过硬线给车辆维持发送门使能指令。

（4）车辆接收到车载 VOBC 的"清客"工况指令后，自动触发车辆广播，提醒乘客下车；同时联动车载 PIS 提示："本站清客，乘客请下车"。

（5）ATS 联动车站广播 PA，提醒站台乘客不能上车，同时联动站台 PIS 提示本站清客，乘客请勿上车。

（6）站台人员或控制中心人员进行清客完成确认后，关闭车门和站台门。

因此，为了给调度人员一个统一的操作界面，提高运维效率，在 ISCS 保留本专业的工作站及人机界面的同时，由 ATS 对全自动运行涉及多专业联动的人机界面进行界面集成。

7.5.3　全自动运行综合监控系统新增接口

在 UTO 运营模式下，列车不再配备司机，需要加强 OCC 远程监控功能，ISCS 应具有更高的集成化监控能力。控制中心要能实时监测行车、列车、车载设备等更多信息，对系统集成化能力提出了新的要求。

由于推荐综合监控与信号系统互联，因此大部分综合监控与集成互联的物理接口与一般有人驾驶的线路区别不大，只是在信息内容类型和规模上有所变化。比如 ISCS 与 ATS 的接口由传统的只上传不下发，须变成双向的数据流。再如通信系统在区间增设广播系统，其监控信息通过车站 PA 与 ISCS 的既有接口实现互联互通。再如 ISCS 对车载 CCTV、车载 PA、车载 PIS 的控制命令，均可通过 ISCS 与地面 CCTV、地面 PA、地面 PIS 的接口下发。西安新建线路针对全自动运行而新增的接口主要有与列车监控及管理系统（TCMS）的接口和与区间隧道感温光纤系统的接口。

1. 与列车监控及管理系统（TCMS）的接口

列车车载关键信息实时监控方案推荐车辆设置 TCMS，将车载信息整合后，利用通信专业的车地无线网络，上传至地面 TCMS 服务器，再通过有线的物理接口，与 ISCS 互联互通。ISCS 与 TCMS 的接口细则如下。

（1）物理接口。

ISCS 与列车监控及管理系统（TCMS）的分界点在各线路车辆段（暂定）综合监控设备房配线架外侧；采用通信接口。

（2）功能要求。

ISCS 采集、监控、管理列车监控及管理系统 TCMS 上传的列车运行状态、故障、报警信息，并实现对 TCMS、车载 PIS、车载 CCTV 等子系统的监控管理。TCMS 与 ISCS 应采用通用的通信协议，制订标准的接口数据格式，实现影响行车的关键故障信息的实时采集、上传、显示报警及管理。

（3）接口划分。

在控制中心，ISCS 与列车监控及管理系统（TCMS）的接口划分如图 7-10 所示。

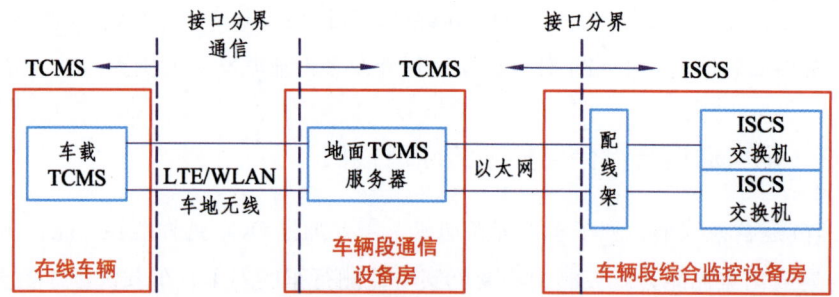

图 7-10　ISCS 与 TCMS 的接口划分

2. 与隧道感温光纤系统（DTS）接口

（1）物理接口。

综合监控系统与感温光纤系统分界点在车站综合监控设备室配线架外侧；采用以太网数据接口。

（2）功能要求。

计算机监视功能：在控制中心，接收并储存全线感温光纤系统设备的主要运行状态，接收全线感温光纤设备报警并显示、存储和打印；在车站，接收本站感温光纤系统设备的主要运行状态，接收车站感温光纤设备报警并显示、存储和打印。

（3）综合监控系统与 DTS 的接口划分。

综合监控系统（ISCS）与 DTS 的接口划分如图 7-11 所示。

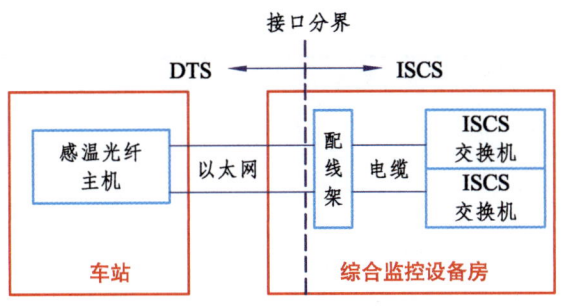

图 7-11 ISCS 与 DTS 的接口划分

7.5.4 小 结

全自动运行系统综合监控系统主要变化如表 7-3 所示。

表 7-3 主要变化

综合监控系统	全自动运行增加功能	增加紧急情况下的场景联动功能,包括不限于 (1) 休眠与唤醒:包括早间上电、列车唤醒、列车休眠等。 (2) 正常运营:轨道车运营、进入正线服务、进站停车、站台发车、折返换端、清客、停止正线服务、跳停/扣车、车体设备远程监控等。 (3) 车辆段运营:出库、回库、清扫、洗车、自动调车、日志与维修等。 (4) 车辆故障处理:蠕动模式、车门状态丢失、车辆制动系统故障等。 (5) 系统故障应急处理:故障复位控制、区间疏散、应急手柄、紧急呼叫、远程紧急制动、车辆火灾、雨雪模式、救援、列车远程广播、站台火灾、障碍物/脱轨检测、紧急制动缓解、站台门状态丢失、其他远程控制功能、车门故障隔离站台门、PAM/CAM 模式转换、站台故障隔离车门、再关门控制、运行中车辆或信号设备故障处理等
		增加控制中心对车辆的运行信息和故障信息监控功能,增加对列车的监控和调度功能
		增加控制中心对车辆内车载通风空调系统、动力照明系统、火灾自动报警系统、广播系统、CCTV、PIS、电话、车门、牵引制动等设备的监控功能
		增加乘客服务调度所需的相关功能需求

综合监控系统	全自动运行增加功能	增加车辆调度所需的相关功能需求
		增加车辆检修调度所需的相关功能需求
		增加对车辆段、区间视频监控（CCTV）、广播（PA）设备控制功能
		增加对车辆段库门的控制及联动功能
		增加后备控制中心功能
	增强功能	增强网络管理系统该功能
		增强设备维修管理系统该功能
		增强培训系统该功能
		增强与车站、车辆段全自动运行区门禁系统接口功能

7.5.5 实施阶段需重点关注的问题

信号与综合监控集成、互联方案，车载信息的落地与ISCS的接口方案，后备控制中心的设置方案均为各新线综合监控系统实施阶段的重点方案，在本书第7.2章节中有所分析和推荐，可作为新线建设的参考。

此外，在全自动运行下，综合监控系统也应具备SIL安全认证，保证系统安全可靠性。

7.6 通信系统研究

无论是全自动运行系统还是常规轨道交通线路，通信系统均由传输、公务电话、专用电话、无线通信、时钟、广播、视频监视、通信电源及接地、集中监测告警等子系统组成。但全自动运行系统增加了与车载乘客紧急对讲的功能、增强了视频监控的范围和功能，以及后备控制中心。

7.6.1 全自动运行系统通信新增功能需求

根据国内城市轨道交通全自动运行线路的通信系统功能及相关需求，并结合考虑本工程的情况，为满足功能的实现，通信系统的可靠性、可用性应提高，线路通信系统各子系统应按主备控制中心进行设计，在主用控制中心故障的情况下，通信系统仍能满足线路运营需求，各子系统新增功能需求如下：

1. 传输子系统

建立安全可靠通信传输网，在全线主用控制中心、备用控制中心、车站、车辆段、停车场间为通信各子系统、信号、综合监控、AFC 等提供安全可靠的传输通道。由于全自动系统各专业的功能增强，势必增加控制中心对现场（包括车站、列车、停车场/车辆段）的视频、数据等的采集需求以及与现场的语音通话需求，要求视频监视应实现高清化监控、全方位监控以及视频的容灾备份，将大大增加对传输带宽的需求，而且增加的带宽需求主要是分组业务带宽需求，但传输的 TDM 业务仍将存在。

2. 专用电话子系统

专用电话系统应在主、备控制中心设置互为主备的中心交换设备，并在主备控制中心设置各类调度台（包括新增的车辆调度、乘客调度岗位的调度台），以满足无论主用控制中心是否有故障，专用电话系统均能满足线路调度运营需求。

3. 专用无线子系统

根据前期调研，全自动线路在北京等地由本线设置备用控制中心，且由本线设置无线备用的中心交换设备；在上海由于旧线共用无线交换中心，故统一由线网无线中心考虑备用；广州既有全自动运行线路及"十三五"新线全自动线路均未考虑备用控制中心。

专用无线系统应在主、备控制中心均设置互为备用的中心交换设备，且至少应在备用控制中心设置降级系统。考虑西安新线控制中心规划暂未稳定，目前先按照全自动线路分别在本线备用控制中心单独设置备用中心交换设备，待后期根据最新控制中心规划的调整，及时整合备用中心交换设备。同时在主备控制中心设置各类调度台（包括新增的车辆调度、乘客调度岗位的调度台），以满足无论主用控制中心是否有故障，专用无线通信系统均能满足线路运营基本的无线调度需求。

专用无线系统需考虑乘客紧急对讲带宽需求，专用无线系统应与列车广播和列车乘客紧急对讲、车载视频监视等系统做接口，实现控制中心调度员对列车应急广播以及与列车乘客的紧急呼叫对讲，紧急呼叫还可同时与客室视频监视系统的联动，及时了解车辆内部情况。

4. 视频监视子系统

视频监视系统应在主、备控制中心均设置互为备用的中心子系统，并在主备控制中心设置各调度台岗位（包括新增的车辆调度、乘客调度岗位）的视频监视控制终端及监视屏，以满足无论主用控制中心是否有故障，视频监系统均能满足线路运营调度需求。控制中心调度员应能实现对车辆前方路况的监视及列车客室、司机室（包括逃生门）、车体外的监视功能，列车客室的视频监视还应实现与列车客室的紧急呼叫对讲的联动功能。车载视频设备须具备自检功能，并应将诊断信息传给车辆，并由车辆整合后统一上传控制中心。

全自动运行线路区间关键重点区域须实现视频覆盖，如道岔区、地下区间联络通道等，设置原则为每单洞 200 m 设置一对摄像机，实现隧道行车监视；同时在联络通道及岔区折返段、高架区段等，根据实际情况进行摄像机布置；对行车及疏散时行人运动轨迹进行实时监视。

5. 广播子系统

全自动运行系统，为满足在没有司机的情况下，辅助列车在区间火灾工况下的乘客疏散，车站广播子系统将广播的设置范围延伸至区间，并能实现区间广播与综合监控系统的联动功能。

7.6.2　全自动运行系统通信新增配置

由于线路通信系统各子系统按主备控制中心进行设计，通信系统主要增加的设备为一套完整的备用控制中心通信系统设备。

同时考虑运营疏散等应急场景，全线区间应增加完整的广播系统。

7.6.3　全自动运行系统通信新增接口

1. 专用无线通信与列车乘客紧急对讲的接口

原专用无线与车载广播接口实现控制中心调度员对列车的紧急广播，现在还需与列车乘客紧急对讲接口，实现控制中心调度员与客室乘客的紧急对讲功能接口，增加向车辆传送自检故障信息的功能接口。

2. 车载视频监视系统与车载乘客紧急对讲的接口

增加车载视频监视与车载乘客紧急对讲的联动接口，增加车载视频监视系统向车辆传送自检故障信息的功能接口。

7.6.4 小　结

全自动运行系统通信主要变化如表 7-4 所示。

表 7-4　主要变化

通信系统	增强功能	增强车载应急电话功能
		增强列车前后方视频监控功能
		增强车内视频监视联动功能
		增强对行车沿线的视频监视功能
		增强车地通信传输带宽和质量
		增强通信车载设备安全性及稳定性

7.6.5 实施阶段需重点关注的问题

通信系统中绝大部分子系统方案较常规线路变化较小，但车地通信传输系统的方案与常规线路变化较大，全自动运行系统线路，对车地通信的带宽需求增大，同时要求有更高的安全性、可靠性和可用性。因此，在车地通信传输方案也需要相应调整，以适应全自动运行系统线路的需求。

1. 全自动运行车地无线通信规划

全自动运行的轨道交通线路相比普通线路对 CBTC 系统的可靠性要求要更加高，车地无线通信方式的可靠性、安全性、实时性非常重要。车载 PIS 系统、车载 CCTV 系统及车载 TMS 系统需要车地无线通信系统提供传输通道，用于传输从地面至列车的各种数据信息、视频信息和控制信息，这类信息数据量本身较大，且全自动运行车载 CCTV 数量要增加很多，对车地无线的数据传输能力要求进一步提高，因此无线通信技术必须在快速移动情况下具有高数据容量。

1）需求分析

根据目前轨道交通发展，现阶段车地通信所需传输的内容包括信号 CBTC、集群调度通信、PIS 实时图像下发、车载 CCTV 图像回传、紧急文本、列车状态信息等业务。各业务需求如表 7-5 所示。

表 7-5 各业务需求

序号	业务	下行	上行
1	CBTC	512 kbps	512 kbps
2	调度集群业务（语音）	100 kbps	100 kbps
3	列车运行状态监测（关键）		100 kbps
4	紧急文本	100 kbps	

非行车安全类车地传输数据如表 7-6 所示。

表 7-6 非行车安全类车地传输数据

序号	业务	下行	上行
1	车载 PIS 直播	4 Mbps	
2	车载 CCTV 回传		30×4 Mbps
3	列车运行状态监测（非关键）		100 Mbps

由此可知，在紧急情况、列车高速运行，列车上全部摄像机要上传情况下，承载行车安全类无线网络的平均带宽大于 1 Mb/s，承载非行车安全类无线网络的平均带宽大于 230 Mb/s，才能满足本线车地传输数据流量对带宽需求。

2）车地无线通信技术分析

目前，车地无线通信系统主要有如下几种技术可以选择：基于 802.11 系列标准的无线局域网（WLAN）技术、EUHT 技术、TD-LTE 技术等。

方案 1：基于 802.11ac 的无线局域网技术。

基于 IEEE802.11 系列的无线通信系统，也称无线局域网（WLAN），是计算机网络与无线通信技术相结合的产物。IEEE 小组相继推出了 802.11b、802.11a、802.11g、802.11n、802.11ac 标准。802.11ac 是 802.11n 的继承者。它采用并扩展了源自 802.11n 的空中接口（Air interface）概念，包括更宽的 RF 带宽（提升至 160 MHz）、更多的 MIMO 空间流（Spatial streams）（增加到 8）、多用户的 MIMO，以及更高阶的调制（Modulation）（达到 256 QAM）。802.11ac 通过 5 GHz 频带进行通信。理论上，它能够提供最多 1 Gbps 带宽进行多站式无线局域网通信，或有最少 500 Mbps 的单一连接传输带宽。

其在最高运行速度 100 km/h 的轨道交通线路中已有实际应用，实测的平均吞吐量也可达 100 Mb/s，但对于 140 km/h 速度的情况，并无实际应用先例，传输速率待验证。

方案 2：EUHT 技术。

EUHT 技术源于 2008 年国家科技重大专项 03 专项"新一代宽带无线移动通信网"，由广东新岸线公司研发。该技术具有超宽带、高可靠、低时延、大容量等技术特点。2015 年至今，EUHT 系统已完成了轨道交通珠三角莞惠线、广州地铁 6 号线、京津城际高铁现场测试，测试结果表明 EUHT 技术在高速移动情况下，能够很好地满足车地超宽带通信和车厢视频实时传输的需求。目前，EUHT 系统基站设备支持 80 MHz 系统带宽，根据现场测试，地铁传输环境下，峰值吞吐率可以达到 260 Mbps、平均吞吐率 100 Mbps、边缘吞吐率 30 Mbps。EUHT 系统的超宽带特性，使其在承载地铁 PIDS 业务的同时，还有较大的业务拓展空间，可用于承载乘客上网等宽带业务，具备更好的可扩展性。但 EUHT 产品存在技术独有性、厂商唯一性、造价较高等不利因素。

方案 3：TD-LTE 技术。

LTE 项目是 3G 的演进，它改进并增强了 3G 的空中接入技术，采用 OFDM 和 MIMO 作为其无线网络演进的唯一标准，在 20 MHz 频谱带宽下能够提供下行 100 Mbps 与上行 50 Mbps 的峰值速率。其改善了小区边缘用户的性能，提高小区容量并降低系统延迟；能够为 350 km/h 高速移动用户提供接入服务；支持成对或非成对频谱，并可灵活配置 1.25 MHz ~ 20 MHz 多种带宽；同时采用扁平化架构，降低控制和用户平面时延。

LTE 采用了 OFDM（正交频分复用）、MIMO（多输入多输出）、HARQ（混合反馈重发）等先进技术有效提高数据速率、频谱效率和抗干扰性，提供业务承载的优先级调度和高速移动性支持，并通过抗干扰技术和安全机制保证无线数据业务的安全可靠传输 TD-LTE 为 TDD（时分复用）版本的 LTE 技术，是中国拥有核心自主知识产权的 4G 国际通信标准技术，是一种专门为移动高宽带应用而设计的无线通信标准。

3）车地无线通信整体规划

（1）车载 CBTC 系统。

地铁 CBTC 系统利用无线通信实现车地通信，并实时传送"列车定位"信息，通过车载设备、轨旁设备实现列车与车站、列车与控制中心的信息交换，完成速度控制，系统通过连续、双向、高速的通信，使列车命令和状态可以在车辆与地面之间实时可靠的交换，并确定列车的准确位置及列车的相对距离，保证列车的安全间隔，因此 CBTC 对无线传输的系统稳定性、抗干扰能力及高速移动下的切换等有较高的要求。

地铁信号系统是地铁运行的大脑,直接关系地铁运行的安全,尤其在采用全自动运行的模式中信息的高速率、高质量传输显得更加重要。国内未招标或暂未开通项目,大都采用 LTE 系统承载信号、语音调度等业务,推荐采用的全自动运行项目均采用 LTE 系统作为信号 CBTC 承载网。综上所述,LTE 系统承载信号及其他业务技术成熟可靠,满足地铁车-地无线通信系统承载业务需求。

国内各城市招标/未招标的全自动地铁 LTE-M 技术使用情况统计如表 7-7 所示。

表 7-7　各城市地铁拟采用全自动运行 LTE-M 应用情况汇总

序号	项目名称	信号系统厂家/名称	是否采用 LTE	开通时间
1	北京地铁 3 号线	卡斯柯 CBTC 系统,TRANAVI	是	2021 年
2	北京地铁 12 号线	通号设计院 CBTC,FZL400	是	2021 年
3	北京地铁 17 号线	交控科技 CBTC,LCF-510	是	2020 年
4	北京地铁 19 号线	交控科技 CBTC,LCF-510	是	2020 年
5	北京地铁新机场线	交控科技 CBTC,LCF-510	是	2019 年
6	北京地铁燕房线	交控科技 CBTC,LCF-510	是	2017 年
7	上海地铁 10 号线	卡斯柯 CBTC 系统,Urbalis	否	2010 年
8	上海地铁 14 号线	上海电气泰雷兹	是	2021 年
9	上海地铁 15 号线	卡斯柯 CBTC 系统,Urbalis	是	2021 年
10	上海地铁 18 号线	卡斯柯 CBTC 系统,Urbalis	是	2020 年
11	上海地铁浦江 APM	庞巴迪 CBTC 系统 Bombardier CITYFLO650	否	2018 年
12	成都地铁 9 号线	卡斯柯 CBTC 系统,Urbalis	是	2020 年
13	南宁地铁 5 号线	交控科技 CBTC,LCF-510	是	2021 年

由于 LTE 是专用频段,特有抗干扰和加密功能,在系统安全性、可靠性、实时性等方面均能得到保障,因此建议使用 LTE 承载 CBTC 系统。此外 CBTC 信息对带宽要求不高,LTE 技术在 10 M 频宽情况下即可满足,可无需去无线委员会申请更高的带宽。同时可考虑建设两套 LTE 网络互为备份,进一步保证可靠性。

(2)车载 PIS 系统。

全自动运行线路上 CBTC 系统和 PIS 系统对车地无线的带宽及其他需求是不相同的,

CBTC 不需要很大的带宽，但对可靠性要求高，而 PIS 系统、列车状态监测数据对带宽要求较大，对可靠性要求比 CBTC 系统要求略低一级。

列车监视系统及列车状态监测数据对带宽要求较高，LTE 系统无法承载，WLAN 带宽能满足要求，在地铁列车最高时速情况下也都能保证足够的带宽（大于 300 m）；WLAN 系统已经完全标准化，能提供的厂商较多，因此推荐基于 802.11ac 的无线局域网技术承载列车 PIS 视频、列车监视系统数据及列车状态监测数据，《城市轨道交通车地实时视频传输系统》（CJ/T 500—2016）规定车地视频传输系统在列车移动速度 160 km/h 的情况下，每辆列车平均吞吐率不应低于 180 Mbps，基于 802.11ac 的无线局域网技术也能满足要求；EUHT 同样可以满足需求，但 EUHT 目前是专有技术，实施线路也较少，仅在广州地铁有开通应用案例。故暂不推荐 EUHT 技术，后续跟踪 EUHT 在轨道交通的应用效果及技术标准化程度。

综上所述，且根据西安市轨道交通目前频率规划，考虑西安新建线路具备运行速度为 100 km/h（如 15 号线），须采用 LTE 技术单独搭建信号 CBTC 承载网。由于无法满足 PIS 系统车载 CCTV 回传等功能，推荐车载 PIS 单独建设基于 802.11ac 的无线局域网车地无线网络并承载列车状态信息，不纳入 LTE 综合车地无线综合承载网。无线调度系统单独建设 800 M TETRA 系统。车辆的关键业务由基于 LTE 的车地通信网络负责承载，非关键业务纳入 PIS 车地通信通道实现。

2. LTE 系统建设模式

建议全自动新建线路建设一套硬件完全冗余的 LTE 综合承载网络，考虑信号 CBTC 系统对无线数据的可靠性、安全性要求更高，又必须采用双网冗余的设置方式，推荐信号专业对 LTE 车地无线网络进行建设，为通信及其他专业预留相关无线数据传输通道。传输网络如图 7-12 所示。

优点：满足信号系统对车地无线数据传输的可靠性和安全性要求，节约频带资源的使用宽度。

缺点：信号系统无线覆盖范围远小于通信系统常规覆盖的要求。

LTE 技术在地铁信号系统中的具体应用：LTE 应用系统包括中心控制子系统、基站覆盖子系统、列车子系统等部分。中心控制子系统主要包含 LTE 核心网设备（EPC）和 LTE 网管（OMC），并与 CBTC 业务系统对接。核心网 EPC 通过各级交换传输网络与分布在轨道交通沿线的 LTE 基站设备相连，LTE 网管系统用来配置及管理整个无线覆盖系统中的所有 LTE 基站；EPC 和网管通过交换机、路由器和所有的基站相连。LTE 基站沿线布置，通过光纤连接到控制中心。为了保障全网切换正常，基站通过 1588 时钟源来建立全网时钟同步。

在列车上 LTE 车载设备（TAU）与 LTE 基站建立无线连接，并接入车载交换机中。

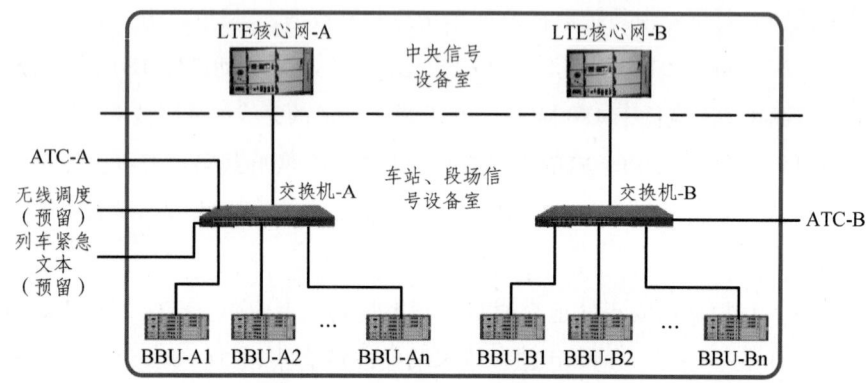

图 7-12　LTE 双网综合承载传输网络

1）中心控制子系统

EPC 设备，是 LTE 系统的核心网，是各种业务的总出入口。LTE 车地通信网络采用两套 EPC 同时工作，为 A、B 两张 LTE 网络提供独立的数据传输通道。LTE 网管系统统一负责 LTE 的 A、B 双网关键设备（基站、核心网、车载终端）的维护、配置、管理，通过 SNMP 协议还可支持其他设备（如时钟服务器）的状态监控和管理功能，以及将 LTE 网络内的重要状态、事件、告警等信息提供给外部网管系统。时钟服务器采用 1588V2（PTP，精确时间协议）网络同步方式，为 LTE 的 A、B 网基站提供微秒级时钟同步保证。

2）基站覆盖子系统

基站覆盖子系统负责 LTE 无线信号在地铁线路上的无缝覆盖，保证无线信号的强度和质量，从而确保车载 TAU 具备有效的无线通道，确保各种业务数据及时、准确传输。基站覆盖系统包括 LTE 基站，车站交换机、无线系统等。LTE 基站设备采用 A、B 双网冗余设计，工作在 1 785～1 805 MHz 的两个 5M 频段。A、B 网基站组网完全独立，具有单独的供电、光缆通路，尽量减小单点故障引起的信号；A、B 网基站和天馈系统采用同址布点覆盖方式，A、B 网信号强度分布具有相似特征，并且相邻基站具有一定的重叠覆盖范围，提高信号覆盖的冗余和可靠性。在设备集中站中会放置 LTE 骨干网交换机，该骨干网交换机负责轨旁 LTE 基站和核心网之间的数据通信以及时间同步。骨干网交换机需要支持 LTE 基站的时间同步所需的 1588 v2 协议，以满足 LTE 基站要求。无线系统负责 LTE 无线信号的发送和接收。为保证 LTE 系统的服务质量，要根据基站发射功率、覆盖距离、无线频段、UE 接收灵敏度等参数设计和选择漏缆，设计基站距离。

7.7 站台门系统研究

全自动运行模式下，站台门系统较常规线路的主要区别是需增加乘客防夹人检测系统，与信号系统增设车门、站台门的对位隔离功能。

7.7.1 全自动运行系统站台门功能需求

采用全自动运行模式的地铁线路，站台门系统（PSD）除完成常规轨道交通线路的所有功能外，还应实现站台门滑动门与列车车门对位隔离功能，即当即将到站列车车门故障无法开启，本列车停站时故障车门对应的站台门滑动门应能保持锁闭不开启（即对位隔离）；相应地，当车站站台门系统某一道滑动门故障或被人工锁闭隔离后，停该侧站台的所有列车相对应的车门应保持锁闭，不参与停站的开、关门作业。

上述功能通过信号系统与站台门系统的接口（新增网络通信接口配合开关门命令）实现。即有车门故障隔离时，信号系统提供故障车门的编号等信息给站台门系统，实现对应位置站台门滑动门隔离不开启；站台门滑动门故障时，站台门系统提供故障滑动门编号等信息给信号系统，后续到站列车对应位置车门不开启。

为提高全自动运行模式下乘客上下车的安全性，本工程相比普通工程进一步增加防护安全措施，增设安全防护装置设置。

另外，为适应全自动运行的不同模式，在出站端车头方向端门外设置就地控制盘的基础上，在站台中部适当位置（有站台监控亭时，设置其内）增加设置 PSL，双 PSL 之间具备联锁功能。

7.7.2 全自动运行系统站台门配置

为保证站台门系统正常工作，以及保证乘客的安全，站台门系统目前采取以下安全保护措施。

1. 物理探测方面新增配置

站台门在物理探测方面可通过以下措施提高安全性保障乘客安全。

（1）在站台门滑动门门体轨道侧增设防夹横挡板，沿着滑动门门体宽度方向通长设置，消除滑动门门框与玻璃之间的物理间隙。安全挡板安装如图7-13所示。

图7-13　安全挡板安装

（2）设置防踏空橡胶条及灯带。

站台门安装完成后，为了减小车辆与站台门间的间隙，防止乘客踏空引起的事故，须在站台门门槛的轨道侧固定一定厚度的橡胶条，橡胶条材质采用不燃、无卤、无放射性成分的材料，硬度为61°～70°IRHD。关于橡胶条的安装方式及站台门门槛、门体距离轨道中心线的距离需在车辆稳定后结合限界再行确认。另外，滑动门门槛外缘防踏空橡胶踏板上部装设LED警示灯带，以便提醒乘客注意脚下间隙。防踏空胶条及灯带如图7-14所示。

图7-14　防踏空胶条及灯带

（3）设置瞭望软灯管。

在满足不侵入车辆限界情况下，地下车站每侧站台出站端设置瞭望软灯管，降级模式下辅助司机或站务人员观察列车与站台门间隙情况。瞭望灯带示如图 7-15 所示。

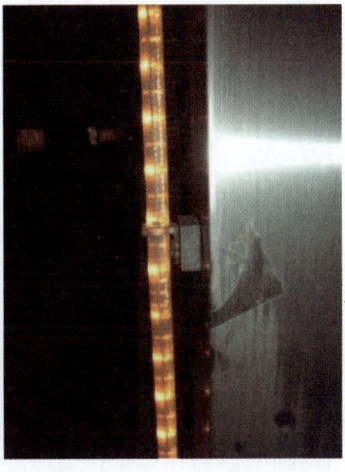

图 7-15　瞭望灯带

（4）新增安全探测装置。

全自动运行模式的线路，在站台门与列车间隙设置安全探测装置。探测装置收到站台门及车门关闭且锁紧信息之后，开始工作。若探测到障碍物信息，探测装置进行声光报警，并将障碍物信息传递给信号系统，列车不能发车。

探测装置按照探测介质不同，分为激光探测和红外探测。

① 激光探测。

对于直线站台，站台两端分别安装发射装置、接收装置和主机，如为曲线站台，则需根据站台曲率，安装多套发射装置、接收装置和主机。当检测到障碍物，主机将故障信息上传至站台门系统或信号系统。激光对射如图 7-16 所示。

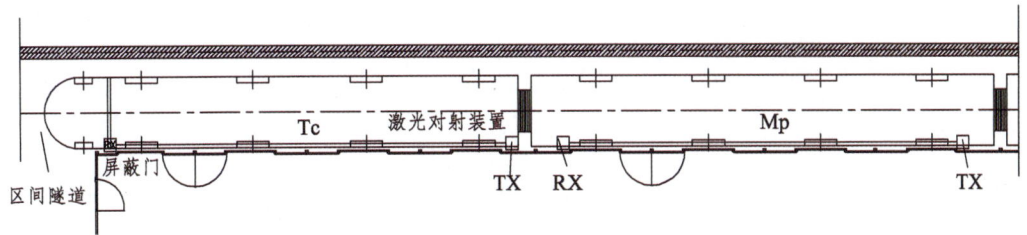

图 7-16　激光对射

② 顶置式激光扫描探测。

激光扫描探测由激光扫描仪、PLC 控制系统、嵌入式监视器及相关系统软件和应用软件等组成，每个滑动门单元作为一个保护单元。探测装置收到站台门及车门关闭且锁紧信息之后，开始工作。若探测到障碍物信息，探测装置进行声光报警，并将信号并入站台门安全回路；如探测到障碍物，站台门安全回路中断，站台门将无法向信号系统发送"关闭且锁紧"信号，站台列车将不能发车。该方案安装不受限界影响，在香港地铁、法国地铁自动驾驶线路用应用案例。该方案目前在国内地铁试点应用中。

③ 红外探测装置。

红外探测装置由红外发射端、红外接收端和主机组成。探测信息总集成在一起，上传至主机，接入站台门系统或者信号系统。当探测到障碍物，站台门的安全回路断开或障碍物信息被传递给信号系统，列车无法驶离站台。红外发射端、红外接收端可以在每节车厢设置一套，或者每道滑动门设置一套。车门红外对射如图 7-17 所示。

上述站台门提到多种物理探测技术，应在实施阶段，由各条线路结合自身线路特点，以及当下的新技术成熟度，做进一步的适应性分析研究，再做选型明确。

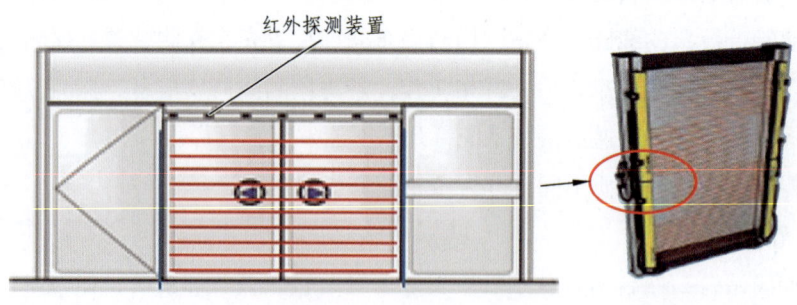

图 7-17 车门红外对射

2. 电气方面新增配置

（1）滑动门关闭时具备遇障碍物检测功能，从而避免乘客被夹。

（2）每侧站台所有滑动门、应急门均进入安全回路，只有以上所有门均关闭且锁紧后才允许列车发车。

（3）站台门应可实现系统级控制、站台级控制、手动操作三级控制方式。三种控制方式以手动操作优先级最高，系统级最低。在不同的控制模式下，在任何情况下乘客均可从轨道侧通过站台门下到站台上进行疏散。

7.7.3 全自动运行系统站台门新增接口

为满足全自动运行需要，本工程车门与站台门之间拟实现对位隔离功能。

当即将到站列车车门故障无法开启时，信号系统提供故障车门的编号等信息给站台门系统，后续车站站台门对应位置滑动门不开启。

当站台门系统某一道滑动门故障时，站台门系统提供故障滑动门编号等信息给信号系统，后续到站列车对应位置车门不开启。

7.7.4 小　结

全自动运行系统站台门主要变化如表 7-8 所示。

表 7-8　主要变化

站台门系统	新增功能	站台门滑动门与列车车门实现对位隔离功能
		新增探测装置，实现防夹人功能

7.7.5 实施阶段需重点关注的问题

国内一些地铁线路已采用防夹人探测装置并开通运行，但在实际使用后，由于误报率高，且未与信号系统联动，实施阶段须对产品选型、系统配置方案做进一步研究，提高可靠性，降低误报率。

7.8　控制中心工艺研究

全自动列车运行模式（UTO）与半自动列车运行模式（STO）的一个主要区别是原本司机做的事情全部转移到控制中心 OCC 来进行，原本车辆段、停车场信号楼行车值班员、DCC 场调的大部分工作内容也全部转移到控制中心 OCC 来进行。因此针对 UTO 全自动运行模式，控制中心应根据新模式下运营生产和管理的需要，增设相应的调度席位和调度工作站，或者在原调度席位上增加工作范围和职责，以实现和车载相关设备及人员的调度和交互等新增的需求。根据西安地铁运营公司在本书第 5 章的研究成果，总结出如表 7-9 所示 UTO 模式下，OCC 所需完成的基本工作职责，以及与各调度席位的对应关系。

表 7-9　总结表

序号	UTO 下 OCC 工作内容	对应调度席位
1	列车出入场段的监视	行调/车辆调度
2	行车管理和协调	行调/总调
3	行车调度和监控	行调
4	列车内部的监控	行调
5	列车内部的通话	行调/乘客调度
6	协调指挥行车事故的处置	行调/总调/乘客调度
7	车站管理和协调	乘客调度
8	客运调度和车站监控	乘客调度
9	站台电话监听	乘客调度
10	车站常规机电设备监控和管理	设备调（电环调）
11	车站防灾设备的监控和报警	设备调（电环调）
12	供电系统监控和调度	设备调（电环调）
13	车站机电设备维修管理	维调
14	车辆设备维修管理	维调/车辆维调
15	维修作业计划	维调/车辆维调

从表中可以看出，由于 UTO 下，车辆段、停车场的列车出入库均为无人值守全自动完成，因此原信号楼的信号值班员岗位的工作职责须纳入 OCC 完成，OCC 须增设车辆调度来负责列车出入场段的监视。也可参考上海 10 号线的做法，将车辆调度与行调进行整合，由行调席位完成场段车辆调度的工作。

全自动运行 UTO 下，须由 OCC 完成与列车上乘客的通话等信息交互，客运调度以及突发事件下的车站客运协调指挥。各地均增加了乘客调度席位，就北京、上海等已开通的全自动运行线路运营情况来看，乘客调度的工作强度较小，结合上海 10 号线的做法，西安新建线路线也可考虑将总调、或值班主任助理兼做乘客调度，以及信息调度。

全自动运行UTO下电调、环调的席位设置与职责范围与STO模式区别不大,但UTP下更注重防灾系统(如FAS)的报警与行车方面的协调联动。也可以考虑将电调、环调席位进行整合为设备调度。

全自动运行UTO下,车辆段、停车场为无人值守,场段原DCC负责的车辆的维修作业也移至由OCC完成,包括车辆设备维修管理和车辆维修作业计划等。OCC可以增设独立的车辆维调席位,也可考虑和原管辖车站机电设备的维调席位整合。

综上,建议全自动运行新建线路的OCC调度席位初步布置如图7-18所示,行调席位数量可根据本线长度进行深化调整。

下阶段应根据各条线路运营的组织架构设置情况,综合各系统的深化设计和实际需求,以及控制中心大厅的建筑形式、建筑条件、其他线路的工艺布局等各方面因素做进一步调整和深化。

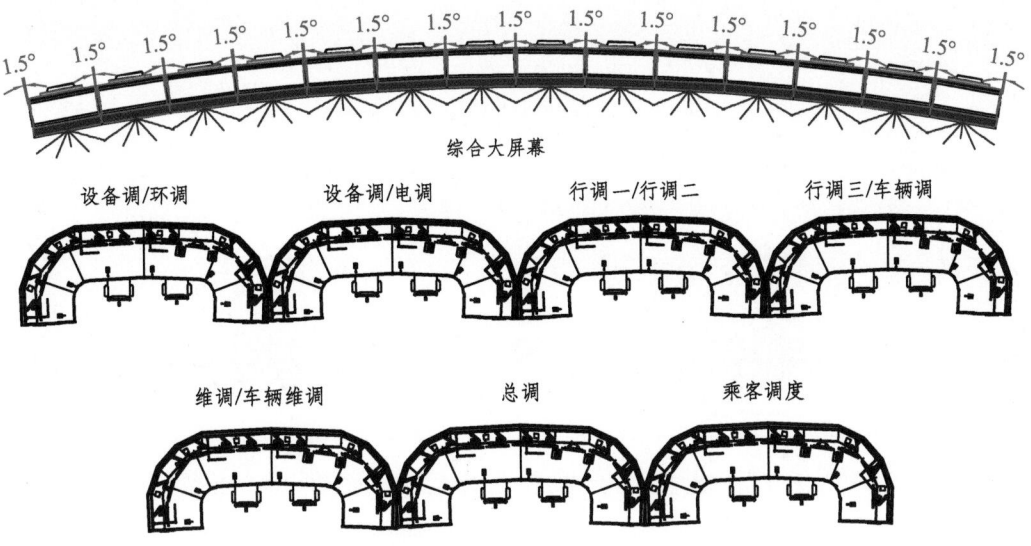

图7-18 西安全自动运行新线OCC调度席位布置

7.9 培训系统研究

全自动运行线路的培训系统应包含通信、信号、综合监控、站台门、车辆等专业,搭建完整的全自动运行模拟平台,用于运营管理、维护人员、调度人员对系统功能、故障识别处理培训以及进行运营场景模拟及其操作流程、处理措施培训等。

各系统在车辆段培或者其他位置的培训中心内配置一套模拟培训设备,首先要满足各系统维修人员学习、技能培训的需要;还应据各系统制式选型,本着经济、实用原则设置室内外模拟培训设备,使培训系统设备的工作状况最大限度接近各系统实际工作状况。

具体实施时全自动驾驶的线路应根据线路特点,明确具体的实施方案,并列明相应的估算过程。

第8章 PART EIGHT
全自动运行下土建专业方案研究

8.1 全自动车辆基地方案研究

地铁车辆基地是车辆停放、检查、整备、运用和修理的管理中心所在地。车辆基地的功能、布局和各项设施的配置，应根据运营的需求、城市轨道交通线网车辆基地的规划布置和既有车辆基地的功能及分布情况，实现线网车辆基地的资源共享。

8.1.1 全自动运行系统车辆段设计标准

随着科学技术的发展及自动化程度的提高，全自动运行技术在城市轨道交通领域的应用越来越广。全自动运行下的车辆基地是将正线对列车的运营控制权由车站延伸至车辆基地的自动驾驶区域，不仅需要满足车辆基地常规所具备的列车停放、整备、清洁、检测、定期检修、调试等功能，还要具备自动"唤醒"待班列车，启动列车并运行至正线。

全自动运行技术相对于传统的人工驾驶而言，对车辆、通信、信号、综合监控等系统的改变较大，除此之外，车辆段部分股道区域需纳入全自动运行模式，从而实现车辆自动出入车辆段功能，对车辆段的设计及运营管理存在一定的影响，自动化车辆段技术标准主要有以下内容。

自动化车辆基地根据驾驶模式的不同可分为全自动运行区和非全自动运行区，列车由全自动运行区运行至非全自动运行区时，须在信号转换区进行驾驶模式转换。

双周/三月检线、试车线、定/临修、大/架修线、吹扫线、静调线、镟轮线、工程车停放线等为非全自动运行区，停车列检线、洗车线、牵出线、咽喉区、出入线等为全自动运行区。

全自动运行系统应具备全自动运行功能，以及降级为人工驾驶的功能。

自动化车辆基地应根据工艺流程及库房性质，合理划分全自动运行区和非全自动运行区，做好各区的相互隔离、安全防护以及统一管理；全自动运行区应设安全隔离带封闭，出入口处设置门禁系统，其安全防护要求与正线要求相同。

洗车机采用无人值守、远程监控模式，洗车机的控制纳入正线信号联动系统，洗车实现自动控制及人工控制。

停车列检库按近、远期分阶段实施时，应在近期工程四周用隔离栅栏分隔。

工艺设计时，应结合全自动运行系统特点，研究制定自动化作业流程，提高段内车辆部件检修的自动化程度，从而提高作业效率及检修质量。

应结合全自动运行系统的特点，在正线设置在线监测设备或者设置车载监测设备，以减少日常的检修任务，提高列车上线率，减少备用车的数量。

试车线应保证无线网络独立性，避免与场段、正线 ATP 系统相互干扰。

8.1.2　自动化车辆基地检修修程及主要指标

1. 检修制度

城市轨道交通车辆是机械、电器、电子、计算机等技术高度集成，包含大量复杂部件及设备，制定经济合理、切实可行的车辆检修制度，对确保车辆安全运行、降低运营成本和延长车辆寿命都具有十分重要的意义。

车辆检修制度的制定，一般应根据车辆的技术条件、线路条件、地区环境和运营条件，以及运用、检修人员的素质等多方面因素确定，并在实际运用中不断调整和完善。

车辆检修制度一般分为预防性计划检修制度和矫治性检修制度两种。由于城市轨道交通对车辆的安全性和可靠性要求非常高，因此目前国内外仍普遍采用按车辆运行周期进行计划检修的预防性计划检修制度。

根据本线车辆选型的总体技术特征，并考虑我国地铁车辆的运用检修水平，本线车辆检修宜采用日常维修和定期检修相结合，以部件互换修为主的预防性计划检修制度；同时，在采用预防性计划检修制度的前提下，积极推广和采用新的检测技术和设备，对部分有条件的系统和部件向状态修发展。

2. 检修指标

根据西安地铁各线车辆基地总体技术要求、检修指标，并参考《地铁设计规范》（GB 50157—2013），车辆检修指标如表 8-1 所示。

表 8-1　车辆检修周期修程和检修周期表

类型	修程	检修周期		检修时间/天
		里程/万 km	时间	
定期检修	大修	120	10 年	35
	架修	60	5 年	20
	定修	15	1.25 年	7
日常检修	三月检	3	3 月	2
	双周检	0.5	0.5 月	0.5
	列检	—	每天或两天	—

注：（1）表中检修时间按部件互换修确定；（2）工作日指标按国家法定工作日 250 天/年计算。

8.1.3　自动化车辆基地车辆运用和检修主要作业流程

1. 车辆检修修程的主要作业内容

（1）大修：对车辆各部件和系统包括车体在内进行全面的分解、检查及整修，结合技术改造对部分系统进行全面的更换，对车辆各系统进行全面检测、调试及试验。

（2）架修：对车辆的重要部件，特别是转向架及轮对、电机、电器、空调机组、车钩缓冲器装置、制动系统等进行分解、清洗、检查、探伤、修理，更换报废零部件；对电气部件进行清洁和测试；对蓄电池进行清洗及容量测试；对车辆各系统进行全面检测、调试及试验。

（3）定修：主要进行车辆的各系统状态检查、检测；各部件全面检查、清洁、润滑，以及部分部件比如空调机组、受电弓的清洁、测试及修理以及列车的全面调试。

（4）三月检：主要进行车辆的重点部件及系统状态检查，部件清洁、润滑，更换磨耗件。

（5）双周检：主要对易损件和磨耗件进行检查，部分部件清洁、润滑。

（6）列检：对与列车的行车安全相关的部分进行日常性技术检查，如果列车有故障指示，从诊断装置下载故障信息，并分析诊断数据。

2. 车辆检修作业方式

车辆检修作业方式采用以换件修为主，部分零部件现车修为辅的检修作业方式。

3. 车辆运用检修工艺流程

（1）列车运用整备工艺如图 8-1 所示。

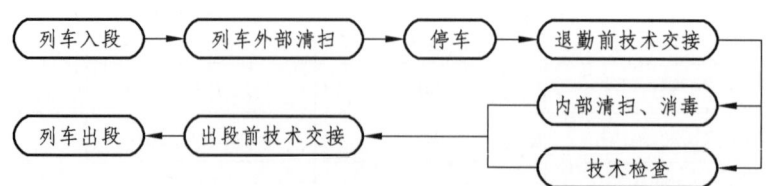

图 8-1　车辆运用工艺流程

（2）车辆检修工艺流程如图 8-2 所示。

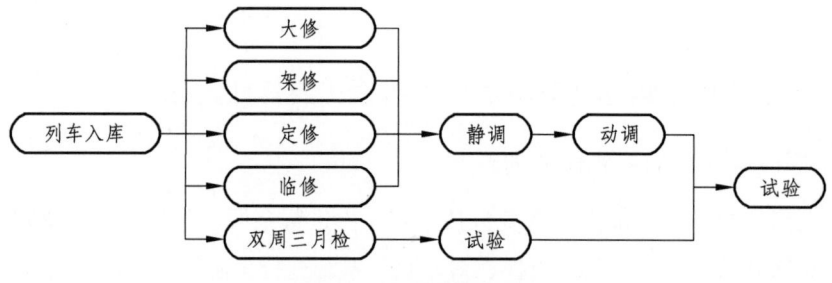

图 8-2　车辆检修流程

4. 人员进出全自动运行区的流程

（1）运维人员根据作业需求向段场调度申请进入作业区的指令。

（2）段场调度根据作业指令设置相关作业区域的人员防护开关（SPKS）进行防护。

（3）运维人员现场设置人员防护开关（SPKS）。

（4）运维人员进行相关作业。

（5）作业结束后，恢复人员防护开关（SPKS）设置。

（6）运维人员消除作业指令。

以上流程还应结合具体的运营场景，在具体工程的实施阶段深化设计。

8.1.4　自动化车辆基地功能及总平面布置

（1）自动化车辆基地的功能在满足常规车辆基地功能的前提下，还应实现以下功能。

① 承担列车出入库的自动唤醒、休眠、检查和测试工作。

② 实现全自动洗车功能。

（2）自动化车辆基地的总平面布置应满足以下要求。

① 各检修线、双周/三月检线及辅助用房宜独立于停车列检库房设计。

② 总平面布置时，应结合调车作业流程，合理设置转换轨，转换轨股道长度不小于列车长+40 m（保护距离），并配套设置司机登车平台，用于驾驶模式转换，转换轨不应与洗车机牵出线共用。

③ 总平面采用并列式布置时，车辆段信号转换线设置分析，信号转换段宜设置在牵出线上。

④ 总平面采用倒装式布置时，信号转换段可设置在牵出线或者非全自动运行区与全自动运行区的联络线上。

a. 股道区与生活区应采用围栏进行物理隔离，并在适当位置设置门禁系统；

b. 车辆段周月检线宜与检修库合并设置成联合检修库；

c. 当停车场不设置周月检线时，可不设置转换轨；

d. ATC 模式下牵出线长度应按信号专业要求适当增加。

8.1.5　全自动运行系统车辆段的新增配置

1. 工艺专业

全自动运行下的车辆具有休眠和唤醒的功能，为了保证检修安全，应严格控制人员进入停车列检区。因此，停车列检区域需要划分成多个防护分区，通常按 2~3 股道设置为 1 个防护分区，采用防护围栏分隔。另外，停车列检区设置横向地下通道，用来联通各个分区，在通道入口设置门禁。全自动区设置 CCTV，实现无死角监控和管理。

横向地下通道设置时，应结合运营需求，例如，运营检修时采用人工挂地线则需要在靠近库门和两列车之间设置两处横向地下通道；采用可视化接地系统设备，则只需在两列车之间设置 1 处横向地下通道。如图 8-3 所示。

通常情况下，一线两列位的停车列检库库内检修地沟按 50%设置。由于分区开展列检作业管理，并且检修天窗的时间不足，所以，要求停车列检库按前后列位设置检修地沟。

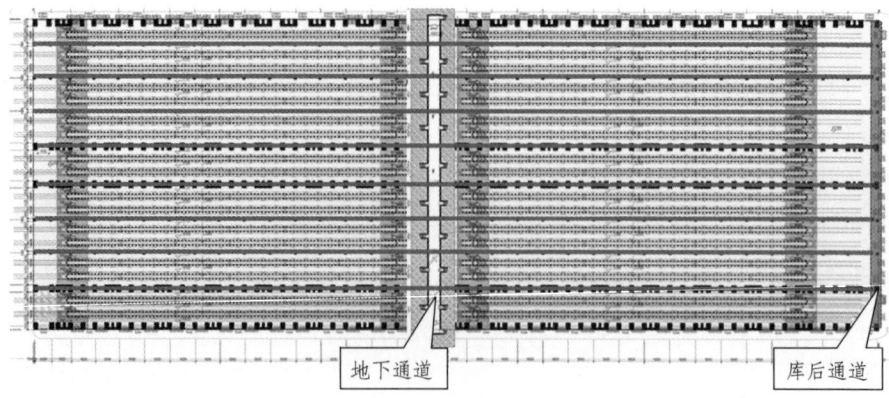

图 8-3　停车列检区防护区布置

2. 停车列检库工艺

停车列检库一般尽端式采用一线两列位布置。在设计停车列检库时，考虑信号防护距离后，停车列检库两列位之间的安全距离应不小于 20 m；库尾车钩距车档应不小于 15 m 的安全保护距离（不含车档）。同时库内检修地沟采用 100%设置。停车列检库库长较原方案需增加 20 m 左右。

以上距离要求是根据发挥最大效率和高安全性考虑而确定，在场地条件不允许的情况下，可降低车辆在库内运行速度、允许车辆低速碰撞等，减少库长的增加。

3. 地下通道和防护分区

为了保障安全，全自动运行区域在原则上为无人作业区。全自动运行区内需要人工参与完成车内的清扫和列检作业，原则上在全天运营时段结束、车辆全部入库停放后再统一进行。

为了保障列检作业人员的安全，在停车列检库内划分了多个保护分区。以每 2~3 股道做 1 个保护分区，并用铁栅栏隔离，从而实现物理隔离。在库中设置了 SPKS 开关，可禁止相应分区中的车辆运行和库外车辆驶入库中。

为了保证工作人员的作业安全，且使其快速进入各个防护分区中，在停车列检库的入库门口内平过道下增设了地下人行通道，通道在每个防护分区前设有出口。工作人员如果想要进入停车列检库，则必须经过此地下通道。通道出口处设有门禁系统，工作人员需要被授权才能领取门禁卡，门禁被激活才可进入库内。在库后横向通道处铁栅栏上的每一个防护分区位置设置了栅栏门，并安装了门禁系统，工作人员从库后到每个分区中时必须通过门禁才能进入。

8.1.6 全自动运行系统车辆段的技术难点

UTO 全自动运行系统与传统有人驾驶系统相比，真正实现了全自动化、无人干预的列车运行模式，不仅避免了人为操作带来的诸多不利影响，还提升了地铁列车的运营效率，降低了风险，改善了列车运行舒适性以及节能。

鉴于国情的特殊性，国内做到真正的全自动运行尚有一定的距离。因此，车辆基地在实现无人驾驶的同时，还需要考虑有人驾驶模式的兼容性。如车辆段仍需要保留司机公寓，车辆段列检库无法与停车库完全分开（国内车辆段受用地条件限制）。

8.1.7 重点关注的问题

（1）采用全自动运行的方案对车辆段、停车场工艺布局的影响较大，需区分为非全自动运行区和全自动运行区。从车辆段停车库发挥最大效率和高安全性考虑，停车列检库两列位之间的安全距离应不小于 20 m；库尾车钩距车档应不小于 15 m 的安全保护距离（不含车档）。停车列检库库长较原方案需增加 20 m 左右。由于车辆段、停车场长度限制，按最大可能压缩各部分间距，运用库可以满足延长要求的长度，但存在一些问题。

① 围墙需设置在红线上，没有退让红线距离，需与规划部门沟通。

② 由于段/场管线多，车辆段/停车场尾部管线布置将极为困难，需采取管线埋设在道路下或架空方式，影响管线的维修和景观。

③ 运用库加长还需减少平过道宽度至 5 m，需限制大型车辆的通行；同时由于库前线路直线段减少，根据限界要求，需增大库门宽度。

④ 在场地条件不允许的情况下，只得降低车辆在库内运行速度，减少库长的增加。

（2）运用库停车规模。

由于需设置通往各防护分区的地下通道，运用库需加宽，受车辆段地块宽度的限制，需减少运用库停车规模 1~2 条。段、场总的停车规模最大只能满足远期配属车数，如达到系统能力，增加的列车只能停放在正线。

（3）其中双周/三月检线、定/临修、大/架修线、吹扫线、静调线、镟轮线、试车线、工程车停放线等宜划分为非全自动运行区，停车列检线、洗车线、牵出线、咽喉区、出入线等宜划分为全自动运行区。

需要说明的是，虽然将双周/三月检线设置为全自动运行化区能够提高收发车效率，仍应结合以下几个方面考虑：

① 若车辆段的停车列检库停车能力不满足正常运营需求，且双周/三月检线的布置毗邻停车列检库，则可考虑将双周/三月检线划入全自动运行区，提高早晚收发车的能力。但后期的运营管理风险较大，同时需要把周月检单独隔离一个物理防火分区，还需增加防护设施和休眠唤醒应答器等设备。

② 若车辆段的停车列检库停车能力满足正常运营需求，但段场布置受工艺布局或用地规划等因素影响，周月检线距停车列检库较远，则不宜将周月检线纳入全自动运行区，因为这将会增加运营管理的难度和工程实施的难度备，周月检线的转线作业较为麻烦。

③ 从运营安全角度分析，根据《地铁设计规范》，双周/三月检线检修时间相比于列检线修程偏长。据了解，虽然目前运营实际周/月检作业一般都在几个小时内完成，但为了提高列车上线率，一般都是在早高峰和晚高峰之间这段时间完成，当远期配属车辆增加时，早晚高峰之间这段时间列车周/月检作业将会十分频繁，且检修时间很可能超过 1 天。

由于定修线调车作业略微不便，为了方便定修，运营实际多将定修作业移至周/月检线进行，这就更加延长了周/月检线线的作业时间。部分地方为了使定修作业仍然在定修线进行，在定修线设置了接触网，减少调车作业，相应也不用考虑周/月检线作业时间延长的问题。但在定修线设置接触网是不符合《地铁设计规范》强条要求的，因此，也不宜将周/月检线放入全自动运行区。

作业内容：每个月进行一次车辆保养及检查，对车辆进行全面技术检查和必要的检测，主要对受流器、司机室电器、车载通信信号设备、转向架、控制系统、制动系统、辅助电源系统、牵引系统、空压机、蓄电池、客室设施、空调进行全面检查、清洁，并对部分设备进行检测及更换易损件；进行蓄电池补液作业。内容基本覆盖列检，增加对易耗零配件的更换，也可以分解成三月检和双周检。

三月检：主要进行车辆所有部件及系统状态检查，部件清洁、润滑、更换磨耗件，以目测为主。三月检作业为每三个月进行一次，每次需两天检修时间。

双周检：主要对走行部、制动系统、易损件和磨耗件、相关部件的空气滤尘器进行检查。双周检作业为每两周进行一次，每次需 0.5 天检修时间。

综上所述，从段场布置、运营使用和运营作业实际情况、周/月检实际检修作业时间、作业内容和作业人员安全等方面考虑，建议将双周/三月检线放入非全自动运行区，后续线路设计时,可根据用户需求进行调整。

(4) 转换轨设置。

① 出入段场线转换轨设置。

传统线路转换轨的主要作用是实现列车驾驶模式的转换、正线和车辆段/停车场管理/控制权限的交接。对于全自动运行的线路,出入段场线纳入了全自动区域,运营列车出库时,已在库内具备了全自动运行模式;入库时,待列车进入库内,停稳后,进入休眠状态,在出入段线不存在模式转换。车辆段和正线的管理/控制权的交接,可结合运营管理的模式统筹考虑。但是考虑信号系统提供了全自动运行模式、CBTC 模式及联锁级运行控制模式,若车辆段内无法实现无人驾驶时,出入段线的转换轨可实现模式转换。从保证运营管理的灵活、系统可用性角度考虑,建议保留出入段场线的转换轨。

② 全自动运行区/非全自动运行区转换轨设置。

车辆段/停车场根据全自动运行系统的需求,将整个车辆段/停车场划分为有全自动运行区/非全自动运行区。列车在非全自动运行区运行时,采用人工驾驶模式,行车安全由司机保证;列车在全自动运行区运行时,采用无人驾驶模式,系统保证列车运行安全。结合列车在段/场内的作业需求,列车需要在非全自动运行区与全自动运行区之间跨区运行,为满足此要求,需设置全自动运行区/非全自动运行区转换轨,实现列车驾驶模式的转换和管理/控制权限的交接,转换轨的长度如图 8-4 所示。

转换轨[即从牵出线最外方道岔(或警冲标)信号机开始往牵出线方向一个车长+40 m 的地段],牵出线线"信号转换段"宜设置为"直线平坡段"。

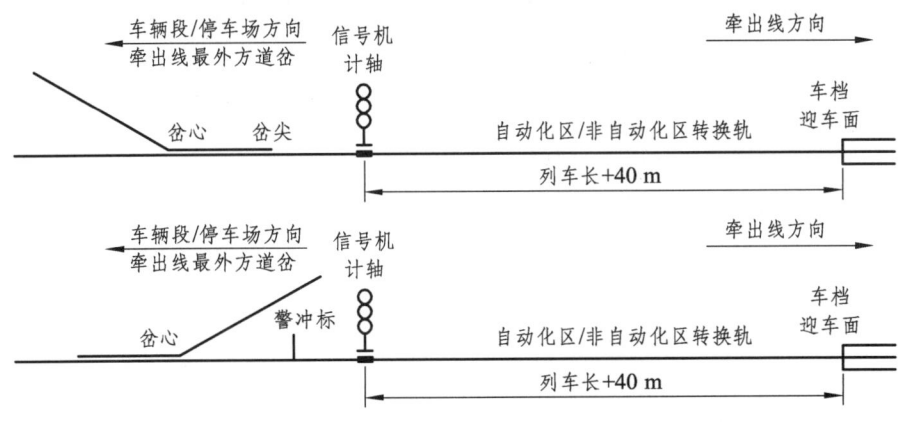

图 8-4 非全自动/全自动区转换轨长度

③ 洗车迁出线转换轨设置。

为满足运营停车及自动洗车作业，在车辆段/停车场设置洗车前/后-牵出线（即从洗车前/后-牵出线最外方道岔信号机开始往牵出线方向一个车长+40 m 的地段），如图 8-5 所示。

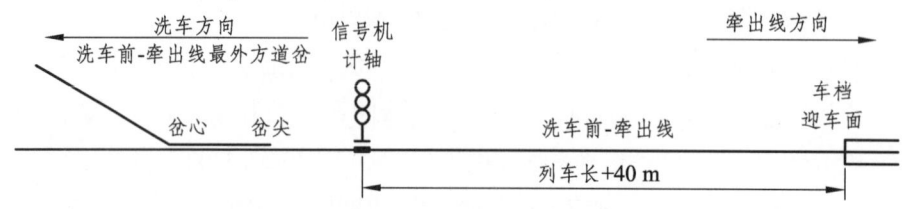

图 8-5 全自动/非全自动区转换轨长度

后续拟采用全自动运行系统的线路，结合线路特点，参考本章内容进行转换轨的具体设计，转换轨长度还可结合各集成商系统的要求最终确定。

8.2 车站建筑

根据本书"7.1 全自动运行系统总体研究"的推荐，试运营和正式运营初期可按 DTO 模式运营，待运营准备充分且其他条件成熟时平滑过渡到 UTO 模式运营。因此工程初期会以降级模式运营管理，车站规模暂不做过多调整，较常规线路基本无变化。

在以全自动运行模式为目标，西安各新建全自动运行线路设计阶段，应重点关注以下车站建筑设计方案。

（1）由于曲线车站的站台门安装要求高，且运营后故障率也随之增加，对全自动运行系统正常运行影响很大，因此，建议正线车站有效站台范围内尽量不要设置曲线。

（2）区间列车救援时，可能出现无司乘人员的情况下引导乘客疏散，因此要提高区间疏散的便携性，建筑应在区间设置疏散平台。

（3）远期 UTO 线路的运营目标是车站少人化管理，车站服务及维修人员会减少，由多职能队伍完成车站行车辅助工作，因此建议建筑专业预留将站厅的客服中心兼做车控室的条件，满足未来少人化车站的运营管理需求。

8.2.1 增设"多职能工班用房"

结合上海、北京的全自动线路的调研情况，采用全自动运行系统，列车完全自动运行，车站服务人员减少，如上海地铁 10 号线针对全自动线路特点，在实施运维一体化的同时，成立专门维保部门管理 10 号线所有维修专业，还设置有"多职能队伍"，主要职责是车站内通号、机电等各个专业设备房的巡检，以及各专业简单故障的快速处理，如信号复位等。故障情况下的响应处置效率得到提高，一般小故障、小处理，无须专业人员从异地赶往车站。另外广州地铁也有类似"多职能队伍"的做法，如信号专业将信号设备房的重启操作由车控室工作站实现，由行值按照指引及培训，进行重启操作，也起到了快速处置常发故障的目的。

西安地铁运营目前架构也是按线路管理模式，即运维一体化模式。可探索"多职能队伍"管理方式，将各专业尤其是信号专业故障处理指南，进行深度改进，将常发的、处理较简单的如复位等操作，经过培训交由车站人员处理，以达到故障处置快速完成的目的。

因此，建筑专业考虑在正线的每座有道岔的车站设置一处"多职能工班用房"，为有人的管理用房，20 m^2 左右。

8.2.2 车控室与客服中心设置原则

调研显示，上海 10 号线将车站车控室与票务客服中心进行了整合，最初设计的远期目标是实现车站无人化管理。但在消防部门的要求中，地铁车站作为地下建筑，需要设置消防控制室，且为 24 h 有人值守，于是，上海 10 号线在车站设备区仍保留一处消防控制室，相当于传统线路的车控室。因此，全自动运行线路，仍宜按传统线路在设备区设置一处车控室，兼做消防控制室，站务员兼做消防值班员，实现人员、土建、信息各个方面的资源共享。

此外，"智慧车站"建设方案中，结合各类乘客自助终端设备，将传统车站的有人值守的票亭（客服中心）进行无人化设计，实现智能客服中心，可取代原有车站的有人票亭，由乘客自助操作。乘客可通过智能客服终端自助操作实现现金及非现金票务、咨询、导航、投诉、查询服务、增值服务等服务。如图 8-6 所示。

综上所述，全自动运行线路的车站，结合目前智慧车站建设，在站厅宜采用智能客服中心替代传统有人的票亭，实现少人化管理，进一步实现减员增效的效果。

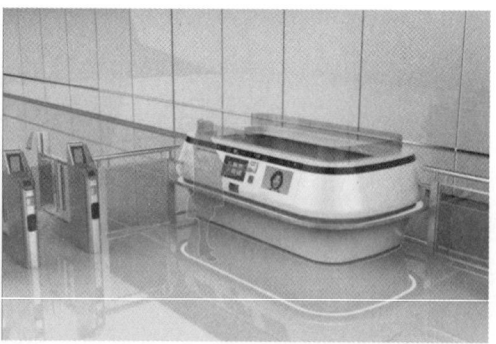

图 8-6　智慧车站智能客服中心概念图

8.2.3　站台端门外防护措施

站台公共区与站台端部设备管理用房区应分区明确，杜绝非相关人员由站台公共区直接进入设备管理区的可能；利用站台门分隔公共区与轨行区，站台门端门可作为区间疏散门。站台端部设备管理区需要封闭，可在站台门端门外的走廊设栏杆与轨行区隔离，并设置通道门，安装门禁设备。如果站台土建空间充足，则宜设置内走廊。

8.3　区间应急疏散平台

根据《地铁安全疏散规范》（GB/T 33668—2017）中的要求，区间安全疏散可采用应急疏散平台疏散和道床疏散两种方式，疏散路径需保证连贯性、无障碍、平整。当列车在区间内着火等不能行驶到前方车站时，乘客可通过道床或已经疏散平台步行撤离至安全区。区间设置纵向应急疏散平台，设置在行车方向左侧，平台板位于轨面以上 900 mm 处，疏散平台宽度按不小于 700 mm 考虑。

8.4　配线设置与特点

1. 配线设置

（1）总体原则。

正线每隔 5 座 ~ 6 座车站或 8 ~ 10 km 设置停车线，其间每相隔 2 ~ 3 座车站或 3 ~ 5 km 应加设渡线。另外，结合线路长度，还需考虑运营期间正线终端折返站存车的情况。

（2）折返线设计原则。

轨道交通线路折返包括站前折返和站后折返两张方式，无论终点站或中间折返站，以站后折返居多。站后折返咽喉区短，节省时间，折返能力较大。站后折返一般设两条线，其中一条用于列车折返，另一条作为停车线或兼作存车线。兼作停车线时，线末端宜与正线连接并设安全线，以方便严重的故障列车在前方站下客后能顺向接入。

站前折返在香港地铁中比较多见，较站后折返能节省两条折返线。在中间折返站中，采用三线两台布置，也是一种创新。优点是乘坐小交路列车的乘客继续前行时可同台换乘后续长交路列车；中间线作折返线，由于列车间隔时间长，有利于清客。缺点是车站规模加大，增加投资较多。折返线末端与反方向正线连接时，增加了对完全失去动力的故障列车顶进折返线的灵活性。

站前折返的终点站，经交叉渡线两正线交互接车。终点站当另设存车线时，股道数多，且受岛式站台宽度的影响，咽喉区长，所以，应根据折返能力需要选用9号或12号道岔交叉渡线。终点站要保证30对折返能力并应有一定储备，以利于运行图被打乱后尽快恢复运行秩序。

存车线一般设在远离车辆段（停车场）一端，或者线路中部位置，主要为过夜列车停放和技术检查，以便早班车发车或晚班车收车，减少列车空走行时间，保证列车技术状态良好和正点运行。全自动运行模式下，列车发生故障时，为及时救援、提高运营效率，可利用存车线临时存放故障列车。

在考虑设置存车线时还可结合段场的停车能力，段场受到工艺或用地限制，段场停车能力无法满足早晚收发车能力时，则考虑在正线设置停车线，用于停放列车，缓解列车出入段场的压力。

存车线一般设计为尽端式线路，其数量一般为1~2条（可用折返线兼），亦可设为一线双列位形式。如果正线不很长，或距车辆段（停车场）不很远，也可不设。

2. 特　点

采用全自动运行模式线路列车开关门时间与普通线路相比可降低5~10 s，旅行速度相应会提高2~3 km/h，由此，线路的配属列车随之会减少。

8.5 主/备中心规模

全自动列车运行模式（UTO）与半自动列车运行模式（STO）的一个主要区别是原本司机做的事情全部转移到控制中心 OCC 来进行，原本车辆段、停车场信号楼行车值班员、DCC 场调的大部分工作内容也全部转移到控制中心 OCC 来进行。因此针对 UTO 全自动运行模式，控制中心应根据新模式下运营生产和管理的需要，增设相应的调度席位和调度工作站，或者在原调度席位上增加工作范围和职责，以实现和车载相关设备及人员的调度和交互等新增的需求。

综上所述，全自动运行线路在控制中心对土建的影响仅为大厅增加车辆调度和乘客调度席位，对整个控制中心的规模影响不大。拟在车辆段或停车场设置的后备控制中心，在原有的 DCC 调度室中适当增加面积，将后备中心的调度大厅与消防/安防控制室、DCC 调度室四中心合设，并考虑相关的后备中心设备用房及运营管理用房。

第9章 PART NINE

全自动运行建设模式研究

9.1 系统集成方案研究及建议

系统集成主要是针对采用全自动运行线路的信号系统与综合监控系统接口研究，有两种方案：一是信号与综合监控采用互联的方式，二是信号与综合监控系统采用集成的方式。根据本书"7.2 多专业协同关键方案研究"的推荐方案，建议西安新建线路采用信号系统与综合监控采用相对独立的互联方案，界面集成，两系统具备分别打包招标的条件。

9.2 系统设备招标模式研究及建议

9.2.1 全自动运行招标模式调研情况

通过对国内各地的初步调研，我们知道已建和在建的全自动运行线路在建设阶段（包括招标、实施、验收等）阶段，与传统线路有所不同。不同之处主要集中在信号系统与综合监控系统的建设模式、是否具有咨询单位和一致性协调单位等。其他与全自动运行密切相关的系统——车辆、牵引、站台门、通信系统，一般仍采用与传统线路相同的招标模式。如表9-1所示为全自动线路与传统线路不同之处，也是对国内主要城市初步调研的梳理。

表9-1 国内主要城市全自动运行线路招标模式调研表

序号	线路	招标/建设模式	供货商
1	北京燕房线	信号+综合监控联合体招标，无咨询单位	交控科技+和利时
2	北京新机场线	信号+综合监控联合体招标，无咨询单位	交控科技+和利时
3	北京17/19号线	信号+综合监控联合体招标，无咨询单位	交控科技+和利时
4	北京3号线	信号+综合监控联合体招标，无咨询单位	卡斯柯+国电南瑞

续表

序号	线路	招标/建设模式	供货商
5	上海10号线	信号系统单独招标，咨询公司MSI和SYSTRA（赛思达）	卡斯柯
6	上海14号线	信号+综合监控捆绑分阶段招标，无咨询机构	泰雷兹+宝信
7	上海15/18号线	信号+综合监控捆绑分阶段招标，无咨询机构	卡斯柯+两家上海本地公司
8	广州10、12号线	信号系统与综合监控系统单独招标；单独招一家设备监理单位担任一致性协调方	铁科智控、佳都
9	成都9号线	信号系统与综合监控系统单独招标；针对PPP运营管理引入第三方咨询，单独招标	卡斯柯、宝信
10	武汉5号线	信号系统与综合监控系统单独招标；采用信号系统担任一致性协调方	交控科技、同方
11	苏州5号线	信号系统与综合监控系统单独招标；引入咨询单位，针对调试、试运营、应急演练等进行咨询服务、车辆厂提供场外测试线	南京国睿科技

9.2.2 全自动运行招标模式分析

为确保全自动运行项目功能、接口的完整性和一致性，确保全自动运行项目在实施全过程中有序协调、保质保量地顺利推进，各地铁公司结合全自动运行项目特点采取了与传统项目不同的招标模式，各地做法大体相同，但也存在差异。总而言之，各地招标模式的差异性涉及以下三点。

（1）信号系统与综合监控系统是否整合为一个标段。

信号系统与综合监控系统是否整合为一个标段，一般与本条线全自动运行线路的系统集成互联方案有关。对信号系统与综合监控系统有深度集成要求的线路（如北京的燕房线以及后续线路）多采用统一招标的模式；信号系统与综合监控系统互联方案下，各地业主根据其管理理念不同，有的采用统一招标，有的采用独立招标。

另外，信号系统与综合监控系统整合招标，也有两种操作方式：

①信号系统与综合监控系统联合体模式。此种模式下，投标阶段时由信号承包商与综合监控承包商联合组队，作为联合体一同投标、中标、应标。

②信号系统与综合监控系统分先后招标。此种模式是先招完信号标，确定完信号集成商之后，由信号集成商对综合监控系统进行用户需求技术审查，再招出综合监控系统标，保证综合监控系统的技术方案满足全自动运行功能。

（2）是否引入一致性协调方。

一致性协调方：全自动运行项目核心系统及配套系统总体协调方，协助业主对全自动运行核心设备系统进行管理。各地多将信号系统承包商作为一致性协调方，对整个项目策划从招标咨询、招标过程、合同签订、项目工期筹备、项目接口管理、异地联调、项目安全认证甚至请款核算等方面对核心系统及配套系统进行规范和约束。

一致性协调方旨在高效推进全自动运行核心设备系统各项工程节点目标的按期实现，保证一致性协调方管理的工作效率和协调的严谨性、严肃性。例如成都、上海等地，在其他核心设备系统的合同付款条件中，针对各个设备系统接口管理和技术协调相关部分的合同费用，增加一致性协调方的签字确认附件，作为申请业主支付合同费用的条件。

（3）是否引入第三方咨询。

第三方咨询：在建设和运营方均可引入咨询方进行咨询服务，运营咨询方有的侧重负责运营管理方面，有的侧重建设管理方面，针对招标模式、联调组织等建议，也有的城市将其放入设计院的设计标中。国外咨询公司是如新加坡、德国、法国等国家咨询公司，国内主要是上海申通咨询团队、北京燕房线咨询公司等。

如成都9号线一期工程PPP项目进行全自动运行运营研究咨询工作的招标，其咨询只侧重于PPP下的运营管理，具体委托的工作内容如下。

① 运营模式设计，包括运营管理架构及界面设计；运营成本测算及运营成本费用支付模式设计；风险分配设计。

② 运营合同体系文件的编制。

③ 协助业主进行委托运营合同谈判及签署。

目前，国内各地在建的全自动运行线路逐渐增加，运营、建设管理经验随之逐步成熟，西安地铁在建设全自动运行系统时，首条线路可引入一家咨询单位对运营场景进行全程技术指导，制定适合西安地铁运营部门的运营场景，保证开通运营后的系统满足运营需求，符合运营场景规定。同时，参与用户需求书、招标设计、设计联络，以及系统调试、联调等过程。

9.2.3 西安地铁建设模式现状

西安既有线路与在建线路均为采用传统的运行模式，招标模式采用各系统独立打包、采购的方式。特别是2018年成立建设分公司后，车辆及车辆段工艺设备的招标采购和项目管理职责调整到运营分公司，其他系统设备的招标采购和项目管理由建设分公司负责。

在项目实施阶段，按职责和系统设备划分，建设分公司的技术管理中心主管专业工程师和运营分公司的新线管理中心分别负责项目管理，但涉及车载的通信、PIS、信号等系统的实施，总体由运营分公司牵头，建设分公司配合完成供货和调试。在建设分公司组织完成单体和单系统调试后，运营分公司在开通运营前分系统分专业按项目组织实施为期三个多月的综合联调工作。

9.2.4 西安全自动运行线路建设模式建议

1. 建设管理组织架构

基于市轨道集团设备采购和实施的现状，结合全自动运行系统集成度高、系统性强、涉及专业面广、对安全要求严、质量标准高、技术创新多等诸多特点，实施全自动运行系统线路的建设需要更为综合的管理和协调。

鉴于此，建议由建设分公司牵头，运营分公司参与，抽调专业技术能力强（含运营乘务）等人员成立专业团队，涵盖车辆、信号、综合监控、通信、站台门等五大核心专业系统，负责全自动运行系统的建设，从运营场景研究、系统设计、用户需求书编制、招标配合、设计联络、安装督导和检查、系统调试等全过程进行综合管理，以减少工作接口，推动全自动运行系统的建设。

对于实施全自动运行线路的其他系统建设建议仍按目前传统模式进行。

同时，建议建设分公司由分管领导牵头统筹负责，分公司内配备专人专职的团队全方位全面负责全自动运行线路的实施，团队以运营需求为导向，从工可、初设、用户需求书一直到建成投运，系统性地组织协调全自动运行的实施。同时通过项目的建设，形成全自动运行的核心骨干力量和团队，培养全自动运行方面的建设和运营人才，为后续全自动运行线路建设和运营检修服务储备人才队伍。

对于建设分公司全自动运行系统实施的组织架构建议方案有如下两种。

建议方案一：充分发挥建设分公司副总工技术实力，依托技术管理中心，在中心内部组建专职全自动运行管理组，如图9-1所示。

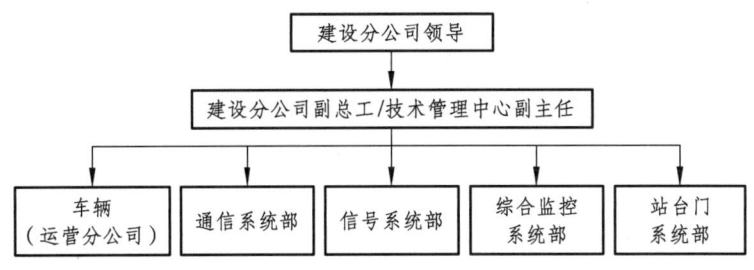

图9-1 全自动运行建设部门组织架构建议方案一

建议方案二：成立专门的全自动运行系统部，从建设分公司内部抽调专业人员组成一个新的团队，如图9-2所示。

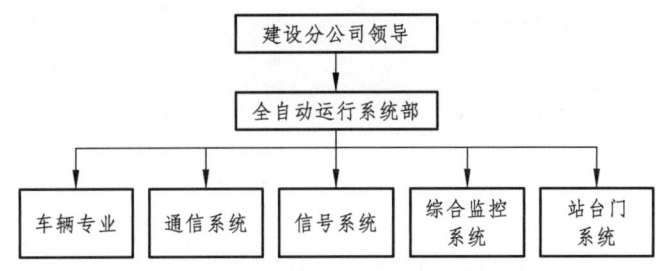

图9-2 全自动运行建设部门组织架构建议方案二

2. 全自动运行系统实施建议

1）关于引入咨询单位的建议

全自动运行系统是涉及土建、设备系统的综合性工程，需要线路、行车组织、信号、车辆、通信、综合监控、车辆段等多个专业较常规线路均有不同程度的调整。运营场景是全自动运营系统的核心要素，可称为运营部门的用户需求书，对全自动运行系统的建设和后期的运营管理至关重要，建议西安地铁首条全自动运行的线路实施时，引入一家已有开通全自动运行线路，且具备全自动运营管理经验的咨询单位对运营场景进行全程技术指导，制定适合本地运营部门的运营场景，保证开通运营后的系统满足运营需求，符合运营场景规定。业主、咨询单位、设计院、运营共同编制运营场景、运营规则、规章制度、维护管理、人员培训、工程验收；同时，参与用户需求书、招标设计、设计联络，以及系统调试、联调等过程。

2）建议引入技术一致性牵头方

负责全自动运行相关的建设、运营全过程的技术管理工作，牵头方可以是独立的第三方单位，亦可在车辆、信号集成商两者中选其一。

3）信号系统与综合监控系统招标模式

信号系统与综合监控系统是否整合为一个标段对于工程实施影响不大，但信号系统集成商应对综合监控系统的招标过程进行技术审查，避免没有全自动运行系统实施能力的综合监控集成商进入。

4）关于第三方安全认证的建议

全自动运行系统行车相关的专业，包括车辆、信号、通信、综合监控、站台门等需进行第三方安全认证。安全评估工作，可由牵头方负责，亦可由业主自行招标。目前。北京、上海的全自动运行线路是信号和综合监控整合一起进行第三方安全认证，其他相关系统各自进行安全认证。安全评估工作也可参考南京7号线，全系统安全认证单独招标。

5）关于动车调试的建议

建议加快段场建设速度，在段场进行全自动运行的动车调试。同时，考虑在车辆供货商生产地或其他地点设置外场测试线，或如其他城市考虑在正线条件较好的区段进行动车测试，提前进行全自动运行系统的调试及运营人员培训等工作。

9.3　全自动运行系统联调要求

全自动运行系统是涉及土建和设备等多专业的系统性、综合性工程，需进行多专业综合联调。宜以信号集成商作为牵头方，来统一规划联调大纲、内容，统一协调联调期间的资源及问题处理。联合各专业集成商组建全自动功能联调团队，在建设单位领导下，共同完成全自动运行系统联调工作。建议将全自动联调管理工作纳入动调服务或联调服务范围。

9.3.1　全自动运行联调内容

全自动运行地铁线路，在试运行和运营筹备阶段，会进行4个阶段的调试，包括单体调试、接口调试、系统调试、全线联调；在试运营服务开始前，会进行最大列车数量的空载运行仿真演练。

（1）单体调试：车辆、信号、通信、站台门等全自动运行相关系统进行各系统内部的单体调试。

（2）接口验证调试：TCMS 与信号系统接口、信号系统对车辆的电气接口、信号系统对车辆的机械接口、信号系统对车辆的性能参数接口、信号系统与洗车机接口、信号系统与车库门接口（如有）、信号系统与 PSD 接口、综合监控与 CCTV 接口、综合监控与 PA 接口、综合监控与 PIDS 接口、综合监控与无线通信接口、LTE-M 与 PIDS 系统接口、LTE-M 与 CBTC 系统接口等。

（3）系统调试：行调显示信息调试、车辆调显示信息调试、乘客调显示信息调试、行调控制功能调试、车辆调控制功能调试、乘客调控制功能调试、车库门控制功能调试（如有）、站台门功能调试、洗车机功能调试。

（4）全线联调：系统联动功能调试、正常运营场景调试、故障运营场景调试、应急运营场景调试、系统稳定性调试。

9.3.2 联调阶段划分

全自动运行系统联调涉及专业众多，涉及车辆、通信、供电、机电等各专业，需要业主、设计、供货商配合，室内测试平台、外场最小系统现场调试、样板段调试及全线调试同步开展接口及联调工作。

全自动联调应从系统间接口调试、联动测试、多系统联调测试、系统稳定性测试逐步推进。

应根据全自动场景制定全自动联调大纲，充分验证全自动运行系统功能、系统间联动及应急处理。

应根据全自动场景制定全自动运营规则，在试运行阶段充分验证运营规则的合理性，并提前对运营人员进行相关培训。

（1）车辆段联调：信号、车辆、通信、综合监控专业之间的接口调试，部分联动调试。

（2）正线联调：信号、车辆、通信、综合监控、站台门专业之间的接口联调、联动调试、稳定性调试。

（3）全线联调：信号、车辆、通信、综合监控、站台门专业之间的接口联调、联动调试、稳定性调试。

在条件具备情况下，建议在车辆段联调前增加外场最小系统现场调试。

9.3.3 联调工期建议

全自动运行线路各专业内调试工期较常规项目增长 3 个月左右，在各专业调试完成具备条件后，增加联调时间约 2 个月，整体调试时间较常规项目增加 6 个月左右。

9.4 全自动运行的安全评估

全自动运行功能的实现依赖多个专业相互配合。考虑实现全自动运行功能要求设备高安全性和高效性，各地建设方均针对直接影响行车安全的车辆、信号、综合监控（含门禁）、通信、站台门、轨道、电梯/扶梯等核心设备系统加强安全方面的要求。

一方面，根据 CENELEC 标准中 EN50128 和 EN50129 的要求，以及 GB/T 28809—2012《轨道交通通信、信号和处理系统信号用安全相关电子系统》规范中的要求，全自动运行系统对车辆、信号、综合监控、站台门等系统的安全完整性 SIL 等级有具体要求。ATP、CBI、计轴、轨道电路满足 SIL4 级要求，车辆系统中的制动系统满足 SIL4 级要求；信号系统中的 ATO、ATS，车辆系统的车门、TCMS，站台门，综合监控系统需满足 SIL2 级要求。

另一方面，引入第三方独立 RAMS（可靠性、可用性、可维修性和安全性）评估，确保全自动运行系统的风险处于可接受水平。

9.4.1 RAMS 评估各单位职责分工

全自动线路工程的参建单位一般包括建设单位、施工单位、集成供货单位、设计单位、监理单位、第三方 RAMS 评估单位。各单位在工程安全评估工作的职责分工如下。

（1）建设单位：确定安全目标和关键工作节点，协调各参建单位的问题，监督安全评估的进度按照工程节点要求顺利进行。

（2）施工单位：配合集成供货单位完成 RAMS 评估工作，提供其供应的设备资质证明或产品安全证书，以及安装、测试记录或报告。

（3）集成供货单位：牵头负责本系统 RAMS 保障工作。

① 在整个生命周期中，集成供货单位时刻贯彻安全意识，进行安全管理，每个阶段

都有详细的工作计划和考核标准。

② 在生命周期各阶段按照计划开展相应工作，每个阶段经过验证后才能进入下一阶段工作，每个阶段都应有详细的文档记录。

③ 为满足安全目标和要求，集成供货单位建立有效的安全管理组织和项目团队，控制和规避识别的风险。

④ 建立安全管理流程，使用能胜任相关工作的人员担当项目组中的相关角色，项目组中各角色满足标准所规定的独立性要求。

⑤ 设计单位：提交设计文件，审核集成供货单位提交的技术文档及安全分析文档，并书面反馈审核意见；配合RAMS评估单位的评估工作。

⑥ 监理单位：配合RAMS评估单位的评估工作。

⑦ 第三方RAMS评估单位：独立于系统设计、工程实施，以基于证据的方法，通过对生命周期过程的分析，评估和判断该系统的安全需求是否恰当、充分，以及系统是否满足既定安全需求，是否适用于既定使用目的和应用条件。

9.4.2 RAMS管理

在项目设计阶段，各专业将开展可靠性分析工作。首先，确定各系统故障定义，明确可靠性、可维护性、可用性（RAM）目标；其次，根据以往项目经验，对RAM指标进行初步分配，并编制可靠性指标分配报告；然后，进行故障模式、影响及危害性分析。此分析采用自下而上的方式，评估各部件或子系统发生故障的可能性、对系统性能的影响及影响的严重程度。

在项目调试及运营阶段，各专业将建立故障报告及修正措施系统（FRACAS），统计调试及运行期间的问题、故障、故障发生的原因和方式、采取的修正措施。此系统将用于监控设备的RAM表现。

在项目运营期，各专业将编制RAM证明报告，以证明各系统是否达到既定的各项可靠性目标。

9.4.3 RAMS评估方式

RAMS评估团队可分为两组：一组是核心系统集成评估组，另一组是各子系统评估组。核心系统集成评估组的任务是识别系统集成及接口风险，特别是与核心设备系统相关的接口风险。识别的风险将传递给子系统评估组，子系统评估组负责各系统及与其他系统的接口风险，以确保所有识别危害的相关风险得到控制。核心系统集成评估组将会确保与系统集成相关的所有风险能够被各子系统评估组评估。

相对于以往某一单个系统的安全评估，全自动运行的几大核心设备系统 RAMS 评估有三项重点：一是确保所识别出的全自动运行系统级的危害已在几大核心设备系统中得到管理和控制；二是评估几大核心设备系统的接口安全管理，确保各系统控制管理了其他系统输出给其安全需求；三是评估几大核心设备系统 RAMS 管理，确保既定 RAMS 目标的实现。

综上，西安新建全自动运行线路的实施过程中，也应引入第三方进行独立 RAMS（可靠性、可用性、可维修性和安全性）评估，确保全自动运行系统的风险处于可接受水平。

第 10 章 投资、工筹及效益分析

全自动运行系统对整个工程的投资和工期均有影响，现以西安地铁 15 号线一期工程为例，首先就全自动运行系统对工程投资和工期的影响进行分析，然后对全自动运行的社会及经济效益做初步的定性分析。

10.1 各系统投资变化

10.1.1 信号系统新增配置及投资变化

本工程信号系统采用全自动运行后较有人驾驶模式的新增主要配置如表 10-1 所示。

表 10-1 全自动运行信号专业新增配置表

序号	新增设备配置	单位	新增数量
1	ATS 系统设备（备用控制中心）	套	1
2	车辆段 ATC 设备	套	1
3	车辆段车地无线通信设备	套	1
4	车辆段精确停车设备	批	1
5	车载休眠唤醒模块	批	1

上述新增设备的概算约为 5 157 万元。

10.1.2 通信系统新增配置及投资变化

本工程通信系统采用全自动运行后较有人驾驶模式的新增主要配置如表 10-2 所示。

表 10-2　全自动运行通信专业新增配置表

序号	新增设备配置	单位	新增数量
1	专用无线系统设备（备用控制中心）	套	1
2	专用传输系统节点设备（备用控制中心）	套	1
3	专用电话系统设备（备用控制中心）	套	1
4	区间广播扬声器	项	1
5	列车车载摄像头	套	340
6	车站高清摄像头	套	220

上述新增设备的概算约为 427 万元。

10.1.3　综合监控系统新增配置及投资变化

本工程综合监控系统（含 FAS、ACS 专业）采用全自动运行后较有人驾驶模式的新增主要配置如表 10-3 所示。

表 10-3　全自动运行综合监控（含 FAS、ACS）专业新增配置表

序号	新增设备配置	单位	数量	备注
1	ATS 界面集成业务应用软件	套	1	软件平台
2	全自动运行联动功能模块	套	1	软件平台
3	后备控制中心服务器	套	2	冗余设置
4	与 TCMS 互联接口	个	1	冗余设置
5	隧道感温光纤系统	站	11	FAS 专业
6	新增门禁设置点	套	100	ACS 专业

上述新增设备的概算约为 1 200 万元。

10.1.4　站台门系统新增配置及投资变化

（1）全自动运行系统站台门专业新增配置，如表 10-4 所示。

表10-4　全自动运行站台门专业新增配置表

序号	新增设备配置	单位	新增数量	备注
1	站台门PSL	套	22	2套/站
2	站台门对位隔离数据接口	个	11	1个/站
3	站台门间隙探测装置	套	22	2套/站
4	语音播报装置	套	660	1套/单元

（2）全自动运行系统站台门专业投资估算的变化。

全自动运行系统涉及站台门专业新增功能（与信号的对位隔离数据接口）和新增设备（站台门间隙探测装置和PSL），其投资估算变化为每站增加69万元，全线增加759万元。

综上所述，全自动运行系统涉及到新增功能和功能方面的增强的主要系统投资变化如表10-5所示。

表10-5　全自动运行系统投资估算对比表

序号	系统名称	常规线路指标/万元	全自动运行指标/万元	增加百分比	增加投资总额/万元
1	信号系统	1 450万元/km	1 720万元/km	13.79%	5157
2	通信系统	1 250万元/km	1 270万元/km	11.6%	427
3	综合监控系统	320万元/站	400万元/站	25%	1 200
4	站台门系统	320万元/站	389万元/站	20%	759
5	车辆系统	750万元/辆	900万元/辆	15.38%	15 300
7	合计				22 843

10.2　土建投资变化

全自动运行系统涉及土建相关的投资变化主要有正线优化线路辅助配线设置，增设区间停车线和车辆段新增全自动运行区域由信号系统实现列车的全自动运行功能，列检库长度比以往增长约20 m，具体投资变化如表10-6所示。

表 10-6 全自动运行土建投资估算对比表

序号	项目名称	指标/万元	增加数量（处）	增加投资总额/万元
1	车辆段	4 500 万元/处	1	4 500
2	合计			4 500

10.3 工程投资变化

综上，经初步估算，以西安地铁 15 号线一期工程为例，全自动运行系统投资较常规系统投资增加约 2.74 亿元，增加投资占比约 1.8%左右，技术经济指标为 1 439.1 万元/正线千米。后续拟采用全自动运行系统的线路，结合线路特点，参考本章节内容进行相关的投资估算。

10.4 工筹影响分析

由于全自动运行涉及的专业较多，主要包括车辆、信号、通信、综合监控、站台门、车辆段及控制中心工艺等，全自动运行系统各专业间接口复杂，需各专业之间配合共同进行接口设计、标准协议的统一和互联互通测试，需要较长的接口设计及调试周期，这也对系统开通计划带来一定的不确定性。全自动运行线路较非全自动运行系统线路工期区别主要体现在系统调试阶段。根据一般经验，建议增加 6 个月左右。各节点工期计划参考如表 10-7 所示。

表 10-7 各节点工期计划

序号	项目节点	全自动线路	传统线路	备注
1	项目开通试运营	—	—	载客运营
2	开通前试运行	3 个月	3 个月	非载客试运行
3	全自动运行系统综合联调	6 个月	3 个月	各系统间联动、接口协调等
4	全自动运行各系统调试	3 个月	3 个月	单体调试、系统调试
5	全自动动车（试车线）测试	8 个月	6 个月	段场试车线、正线样板段或外场测试线
6	设备安装	11 个月	11 个月	

续表

序号	项目节点	全自动线路	传统线路	备注
7	各系统设计联络	7个月	6个月	
8	各系统招标及合同谈判	4个月	3个月	
9	各系统招标文件（用户需求书）编制及审查	8个月	6个月	
10	土建施工	41个月	41个月	

综上，较常规线路，全自动运行线路影响工期的节点主要有全自动运行系统稳定性测试、全自动运行动车测试（含外场测试）、全自动运行系统综合联调。这些节点也是影响全自动运行系统开通的关键因素，根据工程经验，土建工期具有一定的不确定性，后期可能会由于种种原因压缩系统的调试工期，这将对系统开通带来一定的不确定性。因此，在整个工筹计划中必须保证上述几个节点所需的时间。

另外，车辆段试车线交付动车调试的时间，需在距开通试运营18个月前完成，如车辆段有上盖物业开发时，也需要在交付动车调试前完成盖板施工，不影响盖板下车辆段的接车作业和试车线动车调试。如不能满足上述要求，则需要考虑设置外场测试线，或者在选择正线条件较好区段用于动车调试。关键系统（信号、车辆、综合监控、站台门等）需在距开通试运营24个月前完成招标。

10.5 社会及经济效益分析

（1）轨道交通新技术发展，促进轨道交通产业升级，提高国家创新能力。

国内城市轨道交通行业通过几十年的建设和运营经验，技术基础已较为雄厚，为轨道交通自主创新发展提供了较好的条件，建设全自动运行系统已成为国内各大城市轨道交通发展的总体目标。全自动运行系统的建设有助于推动新技术的发展，促进轨道交通产业升级，为构建创新型国家贡献力量。

（2）提升轨道交通整体安全性，保证乘客和运营人员的安全，提升人民幸福感。

全自动运行系统通过新增和增强多重的安全保障策略，确保列车运行安全、设备运营安全、系统功能安全、应急保障安全以及运营环境安全等，提升轨道交通整体安全性。乘客和运营人员的安全得到了更好的保障，提升人民幸福感。

（3）提高轨道交通运营效率，有利于实现 24 h 服务，提高社会满意度。

全自动运行系统的实施，提高行车密度，据统计，上海地铁 10 号线采用无人驾驶运营后，运营效率提高 8.9%。全自动运行系统可以实现全天不间断的运输服务，根据运输需求灵活地调整运营间隔，提高运营服务质量，提高社会满意度。

（4）全自动运行系统通过岗位综合减少定员，有效降低运营成本。

① 按每列车 6 人配置，每名司机年使用成本 12 万元，若远期无需随车人员，每年可减少 72 万/列。西安第三轮新建线路 8、10、15 号线共三条线路在运营初期的在线车辆列数约为 100 列，则每年节约司机岗位人力成本约 8 000 万元。

② 西安地铁目前每千米的运营人员约为 60 人，上海地铁全自动运行线路运营提出的远期目标是 28 人/千米。若西安未来能够达到上海全自动运行线路的目标人数，则可以降低一半的运营人工成本。

第 11 章 结论与建议

11.1 结 论

11.1.1 全自动运行系统具备可实施性

根据国际地铁协会（CoMET）的相关调研成果，GoA3 级和 GoA4 级的线路在近 10 年出现迅速增长。中国内地已运营的全自动运行城轨线路在 2021 年底已达到 30 条，运营里程为 728.46 km。

随着国内的全自动运行系统设计、建设线路增多，关键系统如车辆、信号等相关系统技术逐步成熟，关键技术和运营场景管理，如列车控制、系统联动、应急指挥、故障处理、乘客监督、信息显示、诊断辅助等运营经验也会逐步丰富。

综上，全自动运行系统技术成熟，建设标准、规范逐步在完善、建设体系完整。不论是地下线路、高架线路、支线，还是大客流线路，在国内外均有成功实施案例。因此，西安地铁在三期新建线路中实施全自动运行系统是可行的。

11.1.2 全自动运行系统的建设等级推荐

考虑实际 GoA3 和 GoA4 等级都属于全自动运行系统，GoA4 相对于 GoA3 在自动化水平和运营模式方面均有提升，因此建议按 GoA4 全自动运行等级的标准进行设计和建设，同时具备兼容 GoA3 等级和 GoA2 等级的能力，线路开通时，系统具备 UTO 模式运行能力。

国内正式开通按 UTO 模式运营的线路较少，运营模式可根据实际需要决定。试运行及运营准备按 UTO、DTO 和 ATO 三级模式进行，以满足运营部门的不同需求。可根据线路工期和运营规则等，开通初期选用 DTO 等级载客运营，并在开通后逐步完善线路功能，升级到 UTO 级。

11.1.3　全自动运行运营组织架构推荐

本书的运营组织架构是以西安三期线路采用全自动运行系统为基础进行研究的，针对运营主体组成的不同情况，共提出了四种推荐方案。详见第 5.3 章节。

11.1.4　全自动运行系统关键设计方案推荐

（1）全自动运行较常规线路的系统方案变化涉及车辆、信号、通信、车辆、综合监控、站台门、车辆基地等多个专业的构成和功能方面有所提升，对轨道交通控制中心、车站的运营指挥管理模式提出了更高的要求。各系统须具有更加完善的自动控制功能，以行车为核心，信号与车辆、综合监控、通信等多系统应加强互联互通，紧密联合，协同联动，提升轨道交通运行系统的整体自动化水平。

（2）推荐西安三期新建全自动运行线路的综合监控系统采用与信号系统相对独立的集成模式，两者通过数据接口实现信息互联互通，并考虑在顶层实现界面集成，满足全自动运行的需要。

（3）全自动运行需要更加全面的实时监控车载状态和信息，本书推荐由车辆专业 TCMS 在列车上与各车载系统建立接口，将列车各系统数据汇聚，并通过通信 PIS 专业的车地无线传输至地面，由车辆在地面设置网关服务器，并在 OCC 或车辆段与 ISCS 设置有线通信接口。列车 PIS 及列车 CCTV 的控制信息传输，通过 ISCS 与地面 PIS、地面 CCTV 的接口实现。

（4）推荐西安三期新建全自动运行线路设置主、备控制中心。主控制中心（含消防、安防）设置在区域集中控制中心，备用控制中心设置在各线路车辆段或停车场，并且宜与 DCC、消防控制室（安防中心）四中心合设，备用中心不需设置大屏，各系统简配，仅保障基本的行车关键业务，在贴近传统运营组织架构的前提下，尽可能地实现土建、人员、设备的资源共享，实现全自动运行系统"减员增效"的社会经济效益，并可实现异地灾备的运营管理需求。

（5）推荐西安三期线路开通初期选用 DTO 模式载客运营，开通后逐步升级到 UTO 级。根据国内运营情况及其他城市的做法以及考虑初期运营管理、系统稳定性等因素，为适应开通初期运营管理规则、培养司机或多职能人员的需要，推荐西安三期新建全自动线路的车辆采用设置简易司机室方案，取消司机室侧门，并预留取消司机室改造的条件。

（6）全自动运行的方案对车辆段、停车场工艺布局的影响较大，须区分为非全自动运行区和全自动运行区。其中双周/三月检线、定/临修、大/架修线、吹扫线、静调线、镟轮线、试车线、工程车停放线等宜划分为有人区，停车列检线、洗车线、牵出线、咽喉区、出入线等宜划分为全自动运行区。根据运营作业实际情况，结合地铁设计规范的具体要求，从周/月检实际检修作业时间、作业内容和作业人员安全等方面考虑，建议将双周/三月检线放入非全自动运行区。

11.1.5　全自动运行系统建设模式推荐

（1）首条全自动运行线路建设时，可引进一家已有开通全自动运行线路，且具备全自动运营管理经验的咨询单位对运营场景和运营规则编写、运营管理制度建设等进行全程技术指导，并参与招标设计、用户需求书、合同谈判及设计联络、系统调试等过程。设备招标及实施阶段，引入技术一致性牵头方负责全自动运行相关的建设、运营全过程的技术管理工作。

（2）全自动运行功能的实现依赖多个专业相互配合，考虑实现全自动运行功能要求设备高安全性和高效性，全自动运行系统应对车辆、信号、通信、综合监控、站台门等核心专业进行安全完整性认证，以及第三方安全评估。对于安全评估工作，可由技术一致性牵头方负责，亦可由业主单独招标。

（3）全自动运行线路各专业内调试工期较常规项目增长 3 个月左右，在各专业调试完成具备条件后，增加联调时间约 2 个月，整体调试时间较常规项目增加 6 个月左右。联调宜以信号集成商作为牵头方，来统一规划联调大纲、内容，统一协调联调期间的资源及问题处理。

11.2　建　议

（1）建议新线线路按统一的建设标准和业务标准开展全自动运行的项目实施。

（2）全自动运行系统要求车辆、信号等设备系统有更长的调试时间，为缓解新建线路工期紧张和全自动运行系统调试时间不足的压力，应关注并加快段场建设速度，在段场进行全自动运行的动车调试。同时，考虑在车辆供货商生产地或其他地点设置外场测试线，提前进行全自动运行系统的调试及运营人员培训等工作。

（3）本书推荐全自动运行的线路设置主备控制中心，主中心设置在区域集中式 OCC，备中心设置在各线车辆段内。按目前建设规划，第三轮新建线路中 8、10、15 号线控制中心在 8 号线长鸣路车辆段的区域控制中心内，可考虑进一步优化主备中心的设置及配置方案，将多条线路的主、备用中心的土建、人力、信息资源充分整合，降低运维成本。

（4）全自动运行系统应具有更为完善的综合维护辅助功能，以及更自动化的车站运行方式。建议第三轮新建线路结合智慧地铁、智能运维、线网云平台及大数据平台的研究成果，完善本线路的综合维护辅助设计方案，如预留与运营智能监测平台接口等。

（5）为更好地建设全自动运行系统，建设分公司宜成立专门的全自动运行系统建设部门，配备专人专职的团队全方位全面负责全自动运行线路的实施，团队以运营需求为导向，从工可、初设、用户需求书一直到建成投运，系统性地组织协调全自动运行的实施。同时通过项目的建设，形成全自动运行的核心骨干力量和团队，培养全自动运行方面的建设和运营人才，为后续全自动运行线路建设和运营检修服务储备人才队伍。

（6）全自动运行系统试运行及运营准备按 UTO、DTO 模式进行，以满足运营部门的不同需求。由于工期紧张的线路，开通初期可选用 DTO 模式载客运营，并在开通后逐步完善线路功能，升级到 UTO。因此，运营部门宜对全自动运行线路的系统功能验收采用分步实施的方案，并制定相应的验交标准。同时，建议项目具体实施阶段运营部门集合全自动运行的需求对全自动车辆检程、修程及检修作业列车运转流程进行优化。

（7）建立完整、健全的全自动运行培训系统对运营管理、维修人员的培训更加高效、灵活，对提高人员技术水平、保障全自动运营安全意义重大。建设全自动运行的线路应配备完整的培训系统，实现对全自动运行线路的运营管理人员、维修人员、调度人员的培训。考虑西安地铁第三期建设规划拟采用全自动运行的线路，可选择一个合适的位置作为全自动运行系统培训中心，进行统一筹划、布置，节省投资，实现资源共享。各条线在具体实施时应考虑分摊培训中心的建设费用，亦可每条线在车辆段单独考虑培训中心。

参考文献

[1] 王寅. 我国城市轨道交通应用全自动无人驾驶系统的探讨[J]. 中国工程咨询, 2017 (02): 21-22.

[2] 郜春海, 王伟, 李凯, 贾庆东. 全自动运行系统发展趋势及建议[J]. 都市快轨交通, 2018, 31 (01): 51-57.

[3] 朱志伟. 快慢车运营模式线路的信号系统设计[J]. 城市轨道交通研究, 2013, 16 (08): 130-133.

[4] 孙延焕, 陈丽民, 陈军科. 北京机场线无人驾驶模式系统的研究与实践[J]. 都市快轨交通, 2012, 25 (05): 38-41.

[5] 曹双胜, 王婧旖. 智慧城轨下生产组织优化探讨[J]. 智慧轨道交通, 2021, 58 (05): 39-42.

[6] 兰明. 线网运营下通信信号设备维护模式思考[J]. 都市快轨交通, 2017, 30 (06): 113-116.

[7] 宋扬. 城轨全自动运行系统发展历程及展望[J]. 交通世界, 2020 (13): 154-156.

[8] 刘妃. 基于LTE通信的列车全自动驾驶控制应用[J]. 信息化研究, 2018, 44 (04): 44-49.

[9] 谢正媛. 全自动运行列车火灾运营场景分析[J]. 铁路技术创新, 2018 (02): 70-74.

[10] 张艳兵, 王道敏, 肖衍. 城市轨道交通全自动驾驶的发展与思考[J]. 铁道运输与经济, 2015, 37 (09): 70-74.

[11] 李晶. 城轨全自动驾驶信号系统方案设计及运营场景分析[J]. 铁道通信信号, 2016, 52 (02): 48-52.

[12] 闫宏伟, 燕飞. 城市轨道交通全自动运行系统及安全需求[J]. 都市快轨交通, 2017, 30 (03): 50-55+87.

[13] 赵波波. FAO 控制中心应急决策认知建模与评价[D]. 北京：北京交通大学，2018.

[14] 张艳兵，戴克平. 自主化全自动运行系统研究与应用[J]. 都市快轨交通，2017，30（06）：1-6.

[15] 包峰，侯忠伟. 城市轨道交通全自动运行系统异常运营场景分析[J]. 信息通信，2018（06）：85-86.

[16] 李猛，张艳兵，徐成永，郭泽阔. 全自动运行系统地铁车辆关键技术[J]. 都市快轨交通，2018，31（01）：123-128.

[17] 公吉鹏. 全自动运行系统中信号系统新增配置和功能[J]. 铁道通信信号，2019，55（03）：76-78.

[18] 刘晓庆. 基于 TD-LTE 的市域快速轨道交通无线综合通信网方案研究[J]. 铁路技术创新，2019（05）：78-82.

[19] 徐彪. 浅析全自动无人驾驶对地铁车辆基地设计的影响[J]. 科技与创新，2015（05）：15+18.

[20] 刘俐. 城市轨道交通区间疏散问题分析[J]. 城市轨道交通研究，2019，22（11）：93-96.

[21] 杜薇. 全自动运行燕房线工程七大核心设备系统独立 RAMS 评估研究[J]. 铁路技术创新，2015（04）：22-28.

[22] 郑辉. 城市轨道交通全自动运行系统外场测试方案研究[J]. 铁道标准设计，2019，63（05）：168-173.

[23] 李勇. 一致性协调方在南京地铁建设工程设备项目管理中的实践[C]. 智慧城市与轨道交通，2019：72-73.

[24] 罗慧，王建文，耿杰，钟锐楠. 西安地铁智慧车站实施方案研究[J]. 铁道通信信号，2021，57（04）：70-75.

[25] 翟国锐，刘宏伟，师秀霞. 下一代地铁车辆全自动无人驾驶信号系统关键技术[J]. 都市快轨交通，2017，30（03）：78-82.